PRACTICAL GUIDE OF WRITING IN CHINESE

速成汉语写作教程

Volume II

主编 管延增 张文联 黄柏林

北京大学出版社
PEKING UNIVERSITY PRESS

图书在版编目 (CIP) 数据

速成汉语写作教程. 下 / 管延增，张文联，黄柏林主编. —北京：北京大学出版社，2022.6

ISBN 978-7-301-29304-1

Ⅰ. ①速… Ⅱ. ①管… ②张… ③黄… Ⅲ. ①汉语－写作－对外汉语教学－教材 Ⅳ. ①H195.4

中国版本图书馆 CIP 数据核字 (2022) 第 060556 号

书　　　名	速成汉语写作教程·下 SUCHENG HANYU XIEZUO JIAOCHENG · XIA
著作责任者	管延增　张文联　黄柏林　主编
责任编辑	唐娟华
标准书号	ISBN 978-7-301-29304-1
出版发行	北京大学出版社
地　　　址	北京市海淀区成府路 205 号　100871
网　　　址	http://www.pup.cn　新浪微博：@北京大学出版社
电子信箱	zpup@pup.cn
电　　　话	邮购部 010-62752015　发行部 010-62750672　编辑部 010-62767349
印　刷　者	三河市博文印刷有限公司
经　销　者	新华书店
	787 毫米 × 1092 毫米　16 开本　11 印张　142 千字 2022 年 6 月第 1 版　2022 年 6 月第 1 次印刷
定　　　价	48.00 元

未经许可，不得以任何方式复制或抄袭本书之部分或全部内容。
版权所有，侵权必究
举报电话：010-62752024　电子信箱：fd@pup.pku.edu.cn
图书如有印装质量问题，请与出版部联系，电话：010-62756370

编写说明
Acknowledgements

这是一套针对中高级水平汉语学习者编写的写作技能训练教材,根据难度等级,分上、下两册。

目前,制约汉语学习者写作水平的因素主要包括汉字水平的高低、词汇量的多少及语法的严谨程度等因素,更重要的是汉语学习者往往缺乏运用汉语思维方式进行书面表达的能力。

本套教材注重汉语主体性与形象性的特点,把侧重介绍汉语思维特点的编写理念贯穿到知识学习、技巧训练与写作实践的全过程。同时基于汉语学习者中文写作难点,以写作知识教学与技巧训练为纲,辅以适当的学习者真实的偏误材料进行实践巩固,重视教学内容设计的科学性、系统性,突显"汉语学习者写作教材"特色。

一、教材简介

本册为下册,目标群体为已熟练掌握 HSK 四级至五级词汇的中级汉语水平学习者。通过本册教材的学习,能够了解并且掌握汉语独特的由字到词的构词方式,词序灵活的句子结构特点,能够运用复杂句式就特定话题进行书面表达,建立汉语篇章的结构意识,为应对 HSK 五级及六级考试写作部分做准备。

本册共 10 课,体裁包括复杂记叙文、说明文、议论文,以及 HSK 写作应试部分。文章涉及生活故事、婚恋家庭、经济生活、工作职场等主题。课文主要覆盖 HSK 一级至五级词汇,生词以 HSK 五级、六级词汇为主，涵盖少量的超纲词。

本套教材每课的体例大体安排如下：知识银行、头脑风暴、偏误分析、词汇和语法、范文、输出表达这六部分。

知识银行包括写作知识和汉语知识的相关介绍。这部分所介绍的知识具有针对性，简化了各语言共通的写作常识，重点说明汉语写作的要点和技巧。

头脑风暴基本上相当于课堂导入，其主要目的是激发学习者已有的知识储备和对本课的学习兴趣，或对"知识银行"部分的知识要点进行操练。

偏误分析主要针对学习者在汉语写作中容易出错的语句。这些语句均为编者平时所记录整理的真实语料。对这部分错误语句的分析修改，有利于学习者掌握汉语思维，减少母语负迁移的影响，提高学生书面表达的能力。

词汇和语法结合每课的写作主题，通过练习强化（如完成句子、组词成句、选词填空等），为学生最后的写作输出储备相关的词汇和语法结构。

范文以汉语学习者的真实习作为主，由编者进行了删改。部分范文由编者直接编写，在词汇及语法难度上减少学习者的理解障碍，避免出现过多超纲词。

输出表达是本套教材的最后一个教学环节，供学习者进行写作实践，在实践中检验所学知识，提高写作水平。

二、教材使用建议

本套教材内容丰富，练习形式多样，既适合学期制长期班汉语学习者使用，也适用于短期汉语学习者。

本套教材根据不同的教学对象和教学目标，综合运用过程法设计教学内容和环节，把写作能力训练融合在主题式的任务中，引导学习者通过完成各种活动及练习来掌握写作技巧，提高写作水平，这一原则贯穿于写作教学的各个层面。具体使用建议如下：

知识银行部分，教师应结合学习者特点，有侧重地进行讲解，重点说明中文写作的特点。

头脑风暴部分以激发学习者已有知识储备为主，通过学习者的讨论，在合作学习中形成主题词语聚合，力图使学习者面对某个话题时能够迅速反应出相关词语，为进一步写作奠定基础。

偏误分析部分需要由教师引导，帮助学习者找到问题所在，分析产生偏误的原因，探讨如何避免出现类似偏误。通过这一学习过程帮助学习者建立汉语思维，掌握汉语写作的特点。

词汇和语法部分，教师可以引导学习者输出与本课写作任务相关的句子，为最后的输出表达建立词汇和语法基础。

范文部分需要教师带领学习者扫清理解障碍，提取文章框架，总结文体特点，为学习者提供结构和框架方面的基础。

输出表达部分根据课时、教学重点或学习者特点的不同，教师可以根据过程写作法的特点，在课上由教师带领学习者确定写作主题，设计段落，确定每段的主题句，然后由学习者课下完成写作。

总之，教师可直接按照书中所建议的步骤和时间安排教学，从而减轻教师设计教学环节的压力。关于课时安排，建议每课4课时完成。第1、2课时完成知识银行、头脑风暴、偏误分析、词汇和语法部分；第3、4课时可先对上次课的重点难点进行复习，然后完成范文、输出表达部分。如果教学时间紧张，最后的输出表达写作实践亦可安排课下完成。

以上建议仅供参考，教师可根据学习者水平、课程设置、教学条件等具体情况规划教材如何使用。在此也诚挚地欢迎广大专家、读者、同行对本教材进行批评指正！

编　者

目 录
Contents

第一课　小别重逢 ………………………………………………………………… 1
　　1. 写作知识：记叙文介绍　　1
　　2. 汉语知识：表示假设关系的关联词语　　2

第二课　雾中登泰山 ……………………………………………………………… 17
　　1. 写作知识：游记　　17
　　2. 汉语知识：词语的固定搭配　　18

第三课　特色菜的制作方法 ……………………………………………………… 33
　　1. 写作知识：说明文介绍（1）　　33
　　2. 汉语知识：关联词语常见的使用错误　　34

第四课　这是我们的特色产品 …………………………………………………… 48
　　1. 写作知识：说明文介绍（2）　　48
　　2. 汉语知识：疑问代词的非疑问用法　　49

第五课　关于10号楼服务状况的调查报告 ……………………………………… 64
　　1. 写作知识：应用文　　64
　　2. 汉语知识：与调查报告相关的词语和句式　　66

第六课　善意的谎言 ……………………………………………………………… 83
　　1. 写作知识：议论文介绍　　83
　　2. 汉语知识：表示因果关系的关联词语　　84

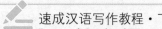

第七课	职场上的90后 …………………………………………… 99

    1. 写作知识：缩写　　99

    2. 汉语知识：汉语的句子成分　　100

第八课　说"勤" ………………………………………………………… 114

    1. 写作知识：议论文的论证方法　　114

    2. 汉语知识：方位短语　　115

第九课　用微笑面对生活 ……………………………………………… 131

    1. 写作知识：夹叙夹议　　131

    2. 汉语知识：特殊句式　　132

第十课　HSK 考试写作训练 …………………………………………… 147

    1. 写作知识：关于 HSK 五级、六级的作文写作　　147

    2. 汉语知识：关于 HSK 考试词汇的积累　　148

第一课　小别重逢

一　知识银行（建议教学时间：10分钟）

1　写作知识：记叙文介绍

（1）记叙文以记人、叙事、写景、状物为主，主要写人物的经历和事物的发展变化。

（2）记叙文的六要素包括：时间、地点、人物、（事情的）起因、经过和结果。当然，这六个要素的顺序并不是固定不变的。

（3）记叙文常见的叙述方法主要有三种：顺叙、倒叙、插叙。

顺叙是指按照事情发生、发展的时间先后顺序来叙述。倒叙是先写事情的结果，再按事情的先后顺序来叙述。插叙是在记叙事件过程中，插入一些与主要情节有关的内容的叙述方法。

在面对记叙文类的"看图写作"时，我们要仔细观察图片，抓住图片的重点，准确地理解图片的主要内容和表达的意思，要根据图片所给的信息去观察图中人物的动作、神态、语言、身份、关系、所处环境等。如果是一组连续的图片，要将这组图片的内容连接起来，构成一个

1

完整的故事。叙述时要写出事情的经过，注意详略得当，可以综合运用上面我们谈到的叙述方法，一定要避免记流水账。

2 汉语知识：表示假设关系的关联词语

在汉语假设复句中，前面的分句提出假设，后面的分句说明在这种假设的情况下会出现什么样的结果。常见的表示假设关系的复句句型为：即使（纵然、就是、哪怕）……也（还）……；如果（假如、要是）……就（便、那么）……；等等。

表示假设关系的复句语法结构并不复杂，然而学生依然会在应用中出现一些问题。

最常见的是关联词语的位置问题。比如汉语表示假设意义的"如果、要是"等一般情况下多用于主句的前面，而有的语言假设从句的位置则相对比较灵活。例如：

（1）如果你努力，那么你就能考上大学。

You can go to the college if you study hard.

If you study hard, you can go to the college.

例（1）中的"如果"也可以出现在后面，这句话也可以说成"你能考上大学，如果你努力的话"。但是根据统计，汉语中表示假设意义的部分，大约有89%只能前置，这是因为汉语讲究时序性优先，而英语则讲究重要性优先。例（1）中，"努力"这个过程发生在前，然后才能出现"能考上大学"这个结果。

此外特别需要注意的是，在假设复句中，后一分句起关联作用的副词如"就、便、都"等在句中的位置不要用错了，它们应出现在主语的后面。很多学生特别容易出现类似例（2）的问题。例如：

（2）*要是明天你忙的话，就你别去。

第二种常见偏误是缺少关联词语。汉语关联词语一般成对使用，但在某些语言中关联词语只需部分使用即可，这造成很多学生写作时常常缺少后一分句的关联词语，主要是缺少起关联作用的副词，如"就、便、那么、也、还"等。例如：

（3）*即使你在学习上取得了优异的成绩，不能骄傲。

总之，对于中高级汉语水平的学生来说，语言结构不再是学习的重点和难点，应该着重掌握句法和篇章知识。常见的表示假设关系的关联词语在语义、句法或语用上有着细微的差别，教师应该引导学生从语篇衔接、语境或语用条件角度深入学习其相关的用法。

二 头脑风暴（建议教学时间：10分钟）

小组讨论

1. 要是你遇到一位久未见面的老朋友，你们一见面可能会说什么？
2. 遇到老朋友以后，你们可能会做什么？回答问题并续写下面这段话。

有一天，我去超市买东西。半路上看到对面一个骑自行车的人很面熟，再仔细一看，是张大明，我的老同学！我们有好几年没见了。

三 偏误分析（建议教学时间：15分钟）

| 她 | 性 | 格 | 活 | 泼 | 开 | 朗 | ， | 在 | 班 | 里 | 人 | 缘 |
| 很 | 好 | ， | 谁 | 都 | 合 | 得 | 来 | 。 | | | | |

1. 指出句子中缺失的介词并改正。

约	翰	大	学	毕	业	后	打	算	到	中	国	和
美	国	有	关	的	贸	易	公	司	工	作	。	为
了	发	现	自	己	的	目	标	，	他	现	在	北
京	大	学	学	习	经	济	学	专	业	。		

2. 找出句子中的错误并改正。

在	这	个	时	候	，	如	果	出	现	了	重	大
的	安	全	事	故	，	后	果	真	的	是	不	可
想	象	的	。									

3. 这句话中的"如果"换成哪一个词更好？"事故"与哪个动词搭配更好？

_____

_____

| 但 | 是 | 在 | 国 | 家 | 大 | 事 | 上 | ， | 发 | 生 | 了 | 这 |
| 种 | 事 | 情 | ， | 那 | 很 | 麻 | 烦 | 了 | 。 | | | |

4. 这句话少用了一个表示假设关系的关联词，请补足并整体修改句子。

_____

四 词汇和语法（建议教学时间：35分钟）

练习 1 熟悉重点词语的用法，并完成句子

1. 而：回家的路似乎变得很长，而天已经很黑了。

   这个月才过了10天，_____已经快花完了。

2. 看得出来：看得出来，他也是个打工的外乡人。

   这件衣服真的太漂亮了，看得出来，你_____。

3. 居然：除了我和她，路上居然没有别人。

   平时最爱睡懒觉的妹妹，今天_____。

4. 占上风：陌生的城市，陌生的人，我自卫的心理自然占了上风。

   比赛刚刚开始5分钟，但是主队已经明显地_____
   _____。

练习 2 选词填空

　　而　　虽然……但是……　　因为　　为了

1. 家还很远，_____天已经很黑了。

2. _____他长得不像坏人，_____我还是不敢相信他。

3. _____放松心情，我试着跟他聊天儿。

4. _____有他这样的热心人，我的生活多了些温暖和爱。

练习 3　组词成句

1. 在　我　路上　回家　的　一个　偶遇　热心人　了

   _____

2. 很　我　疑惑　地　着　看　他

   _____

3. 一个　他　原来　是　职员　的　快递公司

   _____

4. 我　沉浸　在　仍然　那种　又温暖　感觉　中　又愧疚　的

   _____

   _____

练习 4　组句成段

1. 正确的顺序应为：_____

   A. 突然，一辆自行车停在了我旁边

   B. 除了我和他

   C. 我赶紧看了看周围

D. 我心里顿时不安起来

E. 路上居然没有别人

F. 他突然停下来想要干什么呢

2. 正确的顺序应为：_____

A. 回到家后

B. 于是我暗自决定

C. 我仍然沉浸在那种又温暖又愧疚的感觉中

D. 我一定要主动伸出手

E. 今后遇到需要帮助的人

五 范文（建议教学时间：30分钟）

偶　遇

周五下班回出租屋的路上，我提前两站下了车去超市买了些东西。也许是因为太累，也许是因为手里东西很重，回家的路似乎变得很长，而天已经很黑了。

我走着走着，突然"吱"的一阵急刹车声在我耳边响起。回头一看，只见一个年轻人，骑着一辆破破烂烂的自行车。看得出来，他也是个打工的外乡人。

我赶紧看了看周围，除了我和他，路上居然没有别人。他突然停下来想要干什么呢？我心里顿时不安起来。正疑惑着，他开口了："你拎着这些大袋子、小袋子的，是不是很累呀？把你的袋子放在我的车筐里吧。""哦，不用了，其实这些东西不太重，我自己可以。谢谢！"陌生的城市，陌生的人，我自卫的心理自然占了上风。昏黄的路灯下，他笑了，说："别担心，我只是想帮你。我家也在前边。要是你不放心，可以自己推车。"

虽然他长得不像坏人，但是俗话说"知人知面不知心"啊。可是，不知道为什么，也许因为他的笑容，我将手中那确实很重的东西放进了他的车筐。他笑着说："这就对了嘛，我又不会骗你。"

但我并没有完全放心。走在他旁边，一直担心他会趁我不注意带着我的东西跑掉。为了放松心情，我试着跟他聊天儿。原来他是一个快递公司的职员，刚刚下班。

很快，我们就到了我住的小区门口，他坚持送我到了楼下。这时，我才真正相信了他的热心和善良。对他的误会，我感到有些羞愧和后悔，想跟他说声"对不起"，但最后我只是说了一声"谢谢"。

回到家后，我仍然沉浸在那种又温暖又愧疚的感觉中，于是我暗自决定，今后遇到需要帮助的人，我一定要主动伸出手。以后如果有机会跟他重逢，我会告诉他，在这个陌生的城市，因为有他这样的热心人，我的生活多了些温暖和爱。

1. 根据范文完成表格。

题目：偶遇	
时间	
地点	
人物	
起因	
经过	
结果	

2. 试着描述一下"我"的心理变化过程。

3. 根据第六部分"输出表达"中的图片完成表格。

题目：	
时间	

地点	
人物	
故事的经过	
结果	

六　输出表达（建议教学时间：100分钟）

（一）看图作文（建议教学时间：40分钟）

❶

❷

❸

❹

❺

❻

1. 查一查下面的词语，加拼音，并简单解释一下它们的意思。

（1）重逢＿＿＿＿＿＿＿＿＿　　（2）相遇＿＿＿＿＿＿＿＿＿

（3）喝酒＿＿＿＿＿＿＿＿＿　　（4）醉＿＿＿＿＿＿＿＿＿＿

（5）分手＿＿＿＿＿＿＿＿＿　　（6）摔＿＿＿＿＿＿＿＿＿＿

（7）受伤＿＿＿＿＿＿＿＿＿　　（8）骑＿＿＿＿＿＿＿＿＿＿

（9）撞＿＿＿＿＿＿＿＿＿＿　　（10）严重＿＿＿＿＿＿＿＿＿

（11）病床＿＿＿＿＿＿＿＿＿　　（12）打招呼＿＿＿＿＿＿＿＿

2. 根据提示词语，用一句话概括每一幅图的内容或意思。

（1）有一天，两个久未重逢的老朋友在_____。（相遇）

（2）他俩_____。（酒吧　喝酒）

（3）他们两个人_____。（醉　分手）

（4）_____。（摔）

（5）_____。（撞）

（6）_____。（病床　打招呼）

3. 写前思考题。

（1）上面图中的两个人是什么关系？

（2）他俩为什么要去酒吧喝酒？

（3）他们两个人大概是什么时候分开的？

（4）分开后 A 发生了什么事？为什么会发生这种事？

（5）B 发生了什么事？为什么会发生这种事？

（6）他们又在什么地方见面了？两个人伤得怎么样？

（7）请你说说"小别"与"久别"有什么不同。

（二）写作任务（建议教学时间：60 分钟）

1. 课堂任务。

（1）把全班分成六个小组，分组讨论，每组讨论一幅图的内容或意思。

（2）每个小组把各自讨论的图片内容或意思写成一段话。

2. 课后任务。

在小组讨论的基础上,根据图片,写一篇500字左右的记叙文,注意记叙文的六要素。

第一课　小别重逢

第二课

雾中登泰山

一 知识银行（建议教学时间：10分钟）

1 写作知识：游记

（1）游记是以记录游览经历为主的一种文体。有的游记侧重于通过游记进行评议，表达个人看法；有的游记侧重于进行科学介绍，例如通过旅行记录介绍地理、历史、民俗知识等；有的游记则只是记录旅行，表达自己的感情，带有一定的抒情色彩。

（2）游记也是记叙文的一种，也包括六个要素：时间、地点、人物、（事情的）起因、经过和结果。写好游记需注意以下几点：①按照游览的顺序描写景物，要有条理性，介绍要清楚；②注意详略得当，要抓住重点进行描写；③适当的时候，可以情、景、理相结合，把感情融于景中，可夹入适当的议论；④要注意游记的完整性，开头、结尾要交代清楚。

（3）写游记介绍景物时，通常有两种方法。第一种是定点观察，例如站在山顶上，从东、南、西、北四个方向对周围景物进行介绍。第二种是移动观察,又叫移步换位法,就是随着脚步的移动变换位置,一处一处地进行观察。但是游记要避免写成旅游路线图,不能记流水账。要做到详略得当,情、理、景相结合。

■ 代表性游记1:《徐霞客游记》

《徐霞客游记》是明代地理学家徐霞客创作的一部以日记体为主的中国地理名著。它主要按日记述作者1613年至1639年间旅行观察所得,对地理、水文、地质、植物等现象均作了详细记录,在地理学和文学上都有着重要的价值。

■ 代表性游记2:《马可·波罗游记》

马可·波罗(Marco Polo),于1254年出生于意大利威尼斯一个商人家庭。他17岁时跟随自己的父亲和叔叔,途经中东,历时四年多来到中国,在中国游历了17年。回到威尼斯后,马可·波罗在一次海战中被俘,在监狱中口述其旅行经历,由他人写出《马可·波罗游记》,记录了他在中国的所见所闻。

2 汉语知识:词语的固定搭配

几乎所有的语言中都有一些词语的固定搭配,有的句子还没读完,就能够根据前边出现的词语推测出后边的内容。例如:

(1)作为一个文明古国,它拥有悠久的_____。

这个句子后边省略的词语很可能就是"历史"一词,因为"悠久的历史"是一个常用固定搭配。因此,学习汉语词汇时,除了要掌握该词的听说读写外,还要注意搭配问题。例如,英语背景的学生在学过"打篮球"(play basketball)、"打排球"(play volleyball)等短语后,可能会出现"打足球"(play football)、"打钢琴"(play piano)等错误的搭配。因此,教师应提醒学生注意类似的搭配问题。

另外,在评价汉语书面语写作质量时,句子的复杂化是一个很重要的指标。通过使用一些词语的固定搭配把句子变得"复杂化",常常能够提升文章的整体质量。例如:

(2)中国的历史很长。

(3)中国是一个历史悠久的国家。

上面两个句子的意思基本相同,但是很明显,例句(3)的表达比例句(2)更生动,更符合汉语书面写作的要求。

二 头脑风暴（建议教学时间：5分钟）

词语搭配练习

1. 给"风景""旅行"搭配合适的词语,比赛看谁搭配得多。

　　＿＿＿＿＿的风景　　　　　　　　＿＿＿＿＿的旅行

　　＿＿＿＿＿的风景　　　　　　　　＿＿＿＿＿的旅行

　　＿＿＿＿＿的风景　　　　　　　　＿＿＿＿＿的旅行

　　＿＿＿＿＿的风景　　　　　　　　＿＿＿＿＿的旅行

2. 给下面的名词搭配合适的动词。

_____泰山　　_____缆车　　_____风景　　_____作品

三　偏误分析（建议教学时间：15分钟）

| 在 | 海 | 边 | 的 | 这 | 些 | 记 | 忆 | ， | 我 | 永 | 远 | 会 |
| 珍 | 重 | 。 | | | | | | | | | | |

1. 这句话在词语搭配上有一处错误，请指出并改正。

_____

| 这 | 是 | 一 | 家 | 具 | 有 | 很 | 多 | 人 | 的 | 饭 | 店 | 。 |

2. 指出句子中"饭店"的定语部分的错误并改正。

_____

| 爬 | 到 | 中 | 间 | 的 | 时 | 候 | ， | 我 | 已 | 经 | 气 | 喘 |
| 吁 | 吁 | 了 | 。 | 但 | 是 | 我 | 不 | 想 | 放 | 弃 | ， | 我 |

第二课　雾中登泰山

| 要 | 做 | 一 | 个 | 奇 | 迹 | 。 | | | | |

3. 这句话在词语搭配上有一处错误，请指出并改正。

_____

| 对 | 于 | 小 | 学 | 生 | ， | 至 | 关 | 重 | 要 | 的 | ， | 是 |
| 良 | 好 | 的 | 学 | 习 | 习 | 惯 | 的 | 做 | 成 | 。 | | |

4. 指出句子中的错误并改正。

_____

四　词汇和语法（建议教学时间：35分钟）

练习 1　熟悉重点词语的用法，并完成句子

1. **伴随着……，渐渐地……**：伴随着火车"轰隆轰隆"的声音，我渐渐地睡着了。

   伴随着_____，我渐渐地_____。

2. 气喘吁吁：爬到中间的时候，我已经累得气喘吁吁了。

＿＿＿＿＿＿＿＿＿＿＿＿＿＿＿＿，他已经累得气喘吁吁了。

3. 缭绕：只见泰山云雾缭绕，让人有种如临仙境的感觉。

只见那平静的大海，还有远处那若隐若现的小岛，＿＿＿＿＿＿＿＿＿＿＿＿＿＿＿＿＿＿＿＿＿＿＿＿＿。

4. 一步一个脚印：只要一步一个脚印地向上爬，最终还是能到达顶峰的。

他慢慢地一步一个脚印＿＿＿＿＿＿＿＿＿＿＿＿＿＿＿＿。

练习 2　选词填空

只要　　虽然……但（是）……　　因此　　就　　于是

1. 泰山，＿＿＿＿＿＿一听到这个名字，就让人十分激动。

2. 那天天气很凉爽，＿＿＿＿＿＿比较适合爬山。

3. 一想到快要见到神秘的泰山了，我的心＿＿＿＿＿＿突突地跳个不停。

4. 这些作品像是给我充了电，我立马有了向上爬的勇气，＿＿＿＿＿＿，我重新向着山顶出发了。

5. ＿＿＿＿＿＿我平时挺注意锻炼身体的，＿＿＿＿＿＿还是跟不上导游的脚步。

第二课　雾中登泰山

练习 3　组词成句

1. 期盼已久　语言实践　的　终于　活动　了　开始

2. 我　导游　的　没听　推荐　自己　而是　爬　泰山　选择

3. 每个星期　爬　都要　我　一次　在韩国　山

4. 终于　的　海拔　山顶　1500多　米　到　了

练习 4　组句成段

1. 正确的顺序应为：＿＿＿＿＿＿＿＿

　　A. 我来中国差不多三个月了

　　B. 躺在火车的卧铺上

　　C. 期盼已久的山东语言实践活动终于开始了

　　D. 一想到快要见到神秘的泰山了

　　E. 我的心就突突地跳个不停，我太激动了

2. 正确的顺序应为：_____

　　A. 我没听导游的推荐去坐缆车

　　B. 在韩国，我每个星期都要爬一次山

　　C. 而是选择自己爬泰山

　　D. 很快我们就到了泰山脚下

　　E. 所以我觉得自己爬肯定没问题

五　范文（建议教学时间：35 分钟）

雾中登泰山

安珍禹

　　我来中国差不多三个月了，期盼已久的山东语言实践活动终于开始了。躺在火车的卧铺上，一想到快要见到神秘的泰山了，我的心就突突地跳个不停，我太激动了。伴随着火车"轰隆轰隆"的声音，我渐渐地睡着了。

　　第二天一早，我们就到了泰山站。泰山，只要一听到这个名字，就让人十分激动。因为泰山是中国五岳之首，它的山峰挺拔秀丽，风景优美迷人。我们一下火车就直接坐大巴车去泰山了，很快我们就到了泰山脚下。我没听导游的推荐去坐缆车，而是选择自己爬泰山。在韩国，我每个星期都要爬一次山，所以我觉得自己爬肯定没问题。那天天气很凉爽，因此比较适合爬山。听说泰山共有6300多级台阶，我想挑战一下自己。我置身于山中树木的香味儿中，与导游、同学边爬山边聊天儿。虽然我平时挺注意锻炼身体的，但还是跟不上导游的脚步。爬到中间的时候，我已经累得气喘吁吁了。云雾朦胧中，我慢慢地落到了后面，导游和同学们的身影已经看不见了。我索性坐下来，心里开始犹豫，要不要继续往上爬。

结果，我一扭头看到了两边山岩上刻着许多书法家的作品。众多的书法作品让我感受到了中国人的气魄。这些作品像是给我充了电，我立马有了向上爬的勇气，于是，我重新向着山顶出发了。终于到了海拔1500多米的山顶。由于雾很大，我看不见广阔的大自然，也看不到人们所说的奔腾的黄河。这让我感到些许遗憾。但我还是被那美丽的风景吸引住了。只见泰山云雾缭绕，让人有种如临仙境的感觉。雾气就在我的周围，仿佛一伸手就能摘下一朵云似的。站在如此高的山顶上，我心中充满了喜悦之情。虽然我的汉语水平还不高，但是我希望我的学习能够像爬泰山一样，只要一步一个脚印地向上爬，最终还是能到达顶峰的。我下定决心一定要努力学习汉语。

在山上，我不禁想起中国古代著名诗人杜甫《望岳》中的诗句："会当凌绝顶，一览众山小。"是啊，面对困难的时候，我们就要有那样的气魄，那样的胸怀。我们应当记住：无限风光在险峰。

1. 根据范文完成表格。

题目：雾中登泰山	
时间	
地点	
人物	
起因	
经过	
结果	

2. 描述一下"我"的心理变化过程。

3. 根据第六部分"输出表达"的图片填写表格。

题目：难忘的旅行	
时间	
地点	
人物	
起因	
经过	
结果	

六 输出表达（建议教学时间：100分钟）

（一）看图作文（建议教学时间：50分钟）

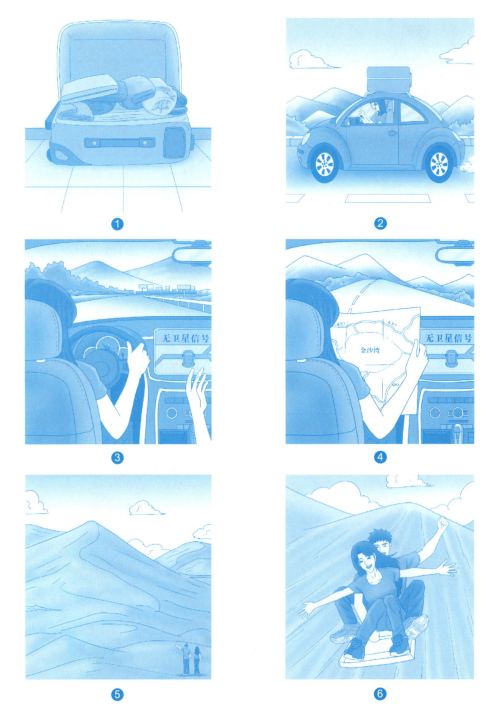

第二课　雾中登泰山

1. 查一查下面的词语，加拼音，并简单解释一下它们的意思。

   （1）行李_____　　（2）自驾_____

   （3）堵车_____　　（4）重新_____

   （5）导航_____　　（6）规划_____

   （7）路线_____　　（8）沙漠_____

   （9）滑沙_____　　（10）意外_____

   （11）随遇而安_____　　（12）开心_____

2. 简单概括一下每一幅图的大意。

   （1）有一天，他们决定_____。于是，他们收拾_____。

   （2）他们打算自驾_____。

   （3）没想到_____。

   （4）她_____重新规划_____。

   （5）结果_____。

   （6）他们_____。

3. 写前思考题：小组讨论。

   （1）上面图中有几个人？

   （2）他们要去哪儿？

   （3）他们可能遇到了什么问题？

   （4）后来发生了什么事？为什么会发生这样的事？

   （5）他们是怎么解决问题的？

   （6）事情最后的结果怎么样？

4. 在小组讨论的基础上，编写故事，整理提纲。

（二）写作任务（建议教学时间：50分钟）

定时作文：写一篇450字至500字左右的记叙文。题目自拟。

第二课 雾中登泰山

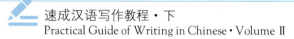

第三课　特色菜的制作方法

一　知识银行（建议教学时间：10分钟）

1　写作知识：说明文介绍（1）

（1）说明文是一种以说明为主要表达方式，向别人介绍某种事物的形状、构造、类别、功能或介绍说明某种事物的原理、特点、演变等的文体。说明文实用性很强，它包括广告、说明书、提要、提示、规则、章程、解说词等。

（2）说明文的写作目的是介绍事物或阐明事理，让人获得知识。如何才能把事物或事理介绍得清楚明白呢？除了需要抓住事物的特征，讲究说明方法外，还要合理安排说明顺序。合理的说明顺序，可以充分表现事物或事理本身的特征，也符合人们认识事物或事理的规律。

说明顺序我们在上册提到过，主要分为：时间（过程）顺序、空间（结构）顺序、事理（逻辑）顺序、多顺序并用。我们在说明文写作过程中，采用哪一种顺序，并非一成不变，而要根据具体情况而定。比如介绍长城、故宫等建筑物时，可按照一定的空间顺序；介绍某产品或某道菜的做法时，可按照制作过程的顺序。本课的范文在介绍北京烤鸭的制作方法时，就是按照过程顺序来介绍的。

2 汉语知识：关联词语常见的使用错误

关联词语是分布在各个语言单位间起关联作用的一种特殊词语。关联词语不仅在复句中存在，在单句和句群等单位(尤其是句群)中也同样存在。从词语扩展到句子，再扩展为语段、语篇，关联词语的使用影响着写作的衔接与连贯。在日常写作中，最常见的三种错误为：缺少关联词语、关联词语搭配错误、关联词语位置错误。

（1）缺少关联词语。缺少的关联词语多数分布在后一分句，主要是那些起关联作用的副词，例如"都、就、才、却、也、还、再"等。如：

① *不管他是谁，不应该打人。

② *你要是明天没有时间的话，我不去你家玩儿了。

（2）关联词语搭配错误。这种错误容易出现在表示条件、因果、让步、假设、转折关系的这几种复句中。例如：

③ *无论做什么，还要有决心。

④ *既然明天天气不好，所以不去游泳了。

（3）关联词语位置错误。汉语的关联词语不但有搭配上的要求，而且在句中出现的位置不是自由的，有些只能出现在主语前，有些则只能出现在主语后。例如：

⑤ *我不但去过那里，她也去过。

⑥ *只有妈妈同意，才我能去。

二 头脑风暴（建议教学时间：10分钟）

（一）你知道哪些关联词语？请把下面表示这几种关系的关联词语列举出来。

因果关系：因为……所以……
_____

条件关系：只有……才……
_____

假设关系：如果……就……
_____

转折关系：虽然……但是……
_____

（二）招待计划

朋友要来你家做客，你打算自己做饭招待朋友。请简单介绍一下你的招待计划（你要做什么，做几个菜，如何准备，大概要做多长时间）。

_____
_____
_____
_____

三 偏误分析（建议教学时间：15分钟）

不	过	却	你	写	一	篇	文	章	关	于	一	个
最	难	忘	的	时	刻	。						

1. 指出句子中的错误并改正。

_____

即	使	你	骗	我	，	我	是	不	会	原	谅	你
的	。											

2. 指出句子中的错误并改正。

_____

在	很	多	大	城	市	早	已	推	出	公	共	场
所	禁	止	吸	烟	的	规	定	，	才	中	国	上
海	是	得	到	实	施	了	。					

3. 指出句子中的错误并改正。

_____

所	以	由	于	一	般	孩	子	和	父	母	都	住
在	一	起	，	孩	子	的	性	格	和	思	想	很
容	易	被	父	母	影	响	。					

4. 指出句子中的错误并改正。

_____

四 词汇和语法（建议教学时间：35分钟）

练习 1 熟悉重点词语的用法，并完成句子

1. 记载：据史书记载，当时的明太祖朱元璋"日食烤鸭一只"。

   这本书_____。

2. 研制：他们研制出了现在闻名世界的美味——北京烤鸭。

   _____治疗这种疾病的特效药。

3. **被誉为**：全聚德被誉为"中华第一吃"。

   ＿＿＿＿＿＿＿＿＿＿＿＿＿＿＿＿＿＿＿＿＿＿"行走的词典"。

4. **涂抹**：做北京烤鸭的时候，先把鸭子处理干净，然后把各种调料均匀地涂抹在鸭子的内外。

   我喜欢把＿＿＿＿＿＿＿＿＿＿＿＿＿＿＿＿＿＿在面包上。

5. **控制**：烤鸭的温度是关键，炉温一般控制在250℃至300℃之间。

   人在喝酒以后往往不能＿＿＿＿＿＿＿＿＿＿＿＿＿＿＿＿。

练习 2 选词填空

然而　　然后　　不但……而且……　　不但……连……

1. 它＿＿＿＿吸引着全世界的游客前来品尝，＿＿＿＿确立了其北京形象大使的地位。

2. 吃烤鸭时，首先拿一张饼，＿＿＿＿在饼中央放上黄瓜条和葱丝，其次把鸭肉蘸上酱放在最上面，最后把饼卷起来就可以享用了。

3. 烤鸭是最具代表性的北京菜，＿＿＿＿大部分人都不知道的是，烤鸭最早并非源于北京。

4. ＿＿＿＿老百姓喜欢吃烤鸭，＿＿＿＿皇帝也喜欢吃。

第三课　特色菜的制作方法

练习 3　组词成句

1. 北京烤鸭　方法　复杂　非常　的　制作

2. 烤鸭　的　步骤　具体　制作　是　什么

3. 全聚德　著名　北京　的　老字号　是

4. 制作烤鸭　2.5千克　北京白鸭　选用　的　左右　一般

练习 4　组句成段

1. 正确的顺序应为：＿＿＿＿＿＿＿＿

　　A. 然后在饼中央放上黄瓜丝和葱丝
　　B. 北京烤鸭的吃法非常简单
　　C. 其次把鸭肉蘸上酱放在最上面
　　D. 首先拿一张饼
　　E. 最后把饼卷起来就可以享用了

2. 正确的顺序应为：_____

  A. 炉温升至200℃以上时，便可以烤了

  B. 北京烤鸭一般选用枣木、桃木和梨木等果木作为燃料

  C. 在烤制过程中

  D. 一般需烤制30分钟左右

  E. 烤鸭的温度是关键，炉温一般控制在250℃至300℃之间

  F. 要根据鸭子表皮的颜色及时调整炉温

五 范文（建议教学时间：30分钟）

北京烤鸭的制作方法

  烤鸭是最具代表性的北京菜，然而大部分人都不知道的是，烤鸭最早并非源于北京。中国人最早开始食用鸭子的历史见于南北朝时期。到了明朝初年，人们特别喜欢享受烤鸭的美味，不但老百姓喜欢吃，连皇帝也喜欢吃。据史书记载，当时的明太祖朱元璋"日食烤鸭一只"。当时明朝的首都是南京，因此那时候皇帝的厨师用的是南京的草鸭。后来，明朝的第三位皇帝朱棣在公元1421年的时候正式迁都北京。他在迁都的时候，也顺便带走了不少南京城里烤鸭的高手。这些高手到了北京以后，选用北京当地

的白鸭，研制出了现在闻名世界的美味——北京烤鸭。

目前在北京众多的烤鸭店中，最负盛名的当数全聚德。全聚德由一个名叫杨全仁的生意人于1864年创立。现在全聚德是北京著名的老字号，它不但吸引着全世界的游客前来品尝，而且确立了其北京形象大使的地位，被誉为"中华第一吃"。

北京烤鸭的制作方法非常复杂，一般选用2.5千克左右的北京白鸭，其制作的具体步骤是：先把鸭子处理干净；然后把各种调料均匀地涂抹在鸭子的内外；再将涂完调料的鸭子放入容器，腌制一天，腌制过程中要把鸭子翻面，使它均匀入味；将腌好的鸭子取出，用100℃的水浇在鸭子上；浇完之后趁热抹上调料，再放到室外风干；最后就可以放入烤炉了。

北京烤鸭一般选用枣木、桃木和梨木等果木作为燃料，炉温升至200℃以上时，便可以烤了。烤鸭的温度是关键，炉温一般控制在250℃至300℃之间。在烤制过程中，要根据鸭子表皮的颜色及时调整炉温，一般需烤制30分钟左右。

最后，服务人员用刀把做好的烤鸭削成小片，这叫作"片鸭"，理想情况下"片鸭"要在2分30秒内完成。

北京烤鸭的吃法非常简单：首先拿一张饼，然后在饼中央放上黄瓜条和葱丝，其次把鸭肉蘸上酱放在最上面，最后把饼卷起来就可以享用了。

1. 根据范文完成表格。

题目：北京烤鸭的制作方法	
说明对象及其特点	
说明顺序	
说明方法	
说明结构	

2. 范文是从哪几个方面来介绍说明对象的？

六 输出表达（建议教学时间：100分钟）

（一）写一篇说明文，介绍如何制作你最喜欢的一道菜。（建议教学时间：50分钟）

1. 查一查下面的词语，加拼音，并简单解释一下它们的意思。

（1）材料_____　　　　（2）准备_____

第三课　特色菜的制作方法

（3）菜板＿＿＿＿＿＿　　（4）锅＿＿＿＿＿＿

（5）调料＿＿＿＿＿＿　　（6）切＿＿＿＿＿＿

（7）油＿＿＿＿＿＿　　（8）沸腾＿＿＿＿＿＿

（9）炒＿＿＿＿＿＿　　（10）煮＿＿＿＿＿＿

（11）荤菜＿＿＿＿＿＿　　（12）素菜＿＿＿＿＿＿

2. 和同伴讨论交流一下你们国家的特色菜是什么，并完成句子。

（1）我们国家的特色菜是＿＿＿＿＿＿＿＿＿＿＿＿＿＿＿＿＿。

（2）做这道菜需要的材料包括＿＿＿＿＿＿＿＿＿＿＿＿＿。

（3）做这道菜需要的调料有＿＿＿＿＿＿＿＿＿＿＿＿＿＿。

（4）这道菜具有很高的营养价值，比如：＿＿＿＿＿＿＿＿

＿＿＿＿＿＿＿＿＿＿＿＿＿＿＿＿＿＿＿＿＿＿＿＿＿＿＿＿。

（5）做这道菜的步骤＿＿＿＿＿＿＿＿＿＿＿＿＿＿＿＿＿

＿＿＿＿＿＿＿＿＿＿＿＿＿＿＿＿＿＿＿＿＿＿＿＿＿＿＿＿。

3. 写前思考。

（1）你最喜欢的是哪道菜？

（2）这道菜是热菜还是冷菜？

（3）这道菜是荤菜还是素菜？

（4）这道菜有多长时间的历史？

（5）你知道做这道菜的方法是什么吗？

（6）做这道菜需要多长时间？

（7）你为什么最喜欢这道菜？

4. 根据写前思考，想一想应如何介绍你喜欢的这道菜，并填写表格。

题目：特色菜的制作方法	
说明对象	
说明顺序	
说明结构	
说明方法	

（二）写作任务（建议教学时间：50分钟）

以"我最喜欢……"为题（题目自拟也可），介绍你最喜欢的一道菜，写一篇450字至500字的说明文。

第三课　特色菜的制作方法

第三课　特色菜的制作方法

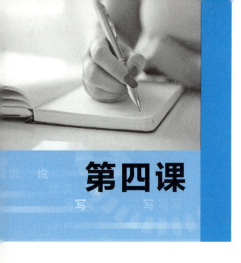

第四课 这是我们的特色产品

一 知识银行（建议教学时间：10分钟）

1 写作知识：说明文介绍（2）

（1）说明文有三个要素：

① 内容的科学性：要如实反映客观事物，正确把握事物的特点、本质，给读者以正确无误的认识。

② 说明的条理性：要按照时间、空间或者逻辑顺序来写清楚事物的形状、构造、功能、特点或各个部分之间的内在联系等。

③ 语言的准确性：语言要求准确无误，简明严密。

（2）说明文可使用的说明方法很多，一篇文章中可以综合使用多种方法进行说明。常见的说明方法有分类别、举例子、作比较、列数据、画图表等。

2 汉语知识：疑问代词的非疑问用法

疑问代词的非疑问用法很特殊，也很常见，用法也很丰富。一般来说有虚指、任指、否定、承指等功能。

虚指是用疑问代词来指代不确定、不具体的人、物、地点或时间等，原因是说话者不知道、不能确定或不必说明、不好说明等。比如，"我不知道是谁的错""教室外站着许多同学，不知道大家在议论些什么"。

任指是指用疑问代词指代任何人、任何事、任何地点等，强调没有例外。比如"不管哪里来的学生都要遵守学校的规定""今天你哪儿也不准去"。

另外，疑问代词常在反问句式中表示否定和强烈的感情色彩。比如，"汉语哪里好学了（汉语不好学）""我哪儿认识她呀（我不认识她）"。

承指是指在"主语$_1$＋动词＋疑问代词，主语$_2$（＋就）＋动词＋疑问代词"句式中，前一个疑问代词表示任指，后一个疑问代词表示承指，二者所指相同。比如，"你去哪里，我就去哪里""你说什么，我听什么"。

在写作中，常见的错误包括：跟疑问代词搭配的副词、连词等的缺失，疑问代词用错等，这与对疑问代词本身认识不清或者对同现的句式掌握得不好等情况有关，因此我们要多了解、掌握关于疑问代词的用法，特别是这种非疑问用法，才能提高自己的写作水平。

二 头脑风暴（建议教学时间：10分钟）

小组讨论

1. 试着说出你所了解的疑问代词和它们的非疑问用法。

2. 关于地方特产。
   （1）你知道中国有哪些地方特产吗？
   （2）如果让你介绍某种特产的话，你想从哪些方面介绍？

三 偏误分析（建议教学时间：15分钟）

| 我 | 觉 | 得 | 什 | 么 | 都 | 不 | 如 | 我 | 家 | 舒 | 服 | 。 |

1. 这个句子中疑问代词有误，请指出并改正。

| 这 | 算 | 怎 | 么 | 话 | ？ | 你 | 不 | 应 | 该 | 那 | 么 | 说 |
| 的 | 。 | | | | | | | | | | | |

2. 这个句子中疑问代词有误，请指出并改正。

| 无 | 论 | 人 | 都 | 应 | 该 | 明 | 白 | 这 | 个 | 道 | 理 | 。 |

3. 这个句子缺少一个合适的疑问代词，请在合适的位置加上。

| 你 | 想 | 吃 | 什 | 么 | 的 | 话 | ， | 就 | 在 | 这 | 里 | 可 |
| 以 | 吃 | 。 | | | | | | | | | | |

4. 指出句子中的错误并改正。

四 词汇和语法（建议教学时间：35分钟）

练习 1 用给定的词语改写句子

1. 任何人都要遵守国家法律。（谁）

2. 以前，除了母语，我不会说别的语言。（什么）

3. 我不知道错的地方。(哪里)

___

4. 我用了各种办法劝他,可是他就是不听。(怎么)

___

5. 他是个没主意的人,我说的任何话他都听、都信。(什么)

___

练习 2 选词填空

也　　一直　　因为　　到了　　而且　　因此

1. 汉朝时期,出现了竹扇和蒲(pú)扇,_____出现了丝绸(juàn)制成的绢扇。

2. _____战国晚期的时候,扇子成了贵族们的生活用具。

3. 这种扇子十分美丽小巧,_____富有情趣,_____极受女孩子的喜爱。

4. _____方便实用,折扇_____到今天也还是广受欢迎。

第四课　这是我们的特色产品

练习 3　组词成句

1. 仍　很多　传统　至今　物品　在　我们　的　发挥着　生活中　作用　重要　的

2. 所以　因为　称为　是……的　羽毛　做　用　羽扇　被　这种扇子

3. 扇风　的　变成　扇子　功能　主要　已经　了　取凉　汉朝时期

4. 扇子　文化　成　载体　艺术　了　的

练习 4　组句成段

1. 正确的顺序应为：＿＿＿＿＿＿＿＿＿

    A. 扇子的种类更加丰富，工艺更加精巧

    B. 在扇骨上雕刻、烫画、镶嵌（xiāngqiàn），等等

53

C. 随着扇子的形状和制作工艺的发展

D. 扇子成了文化艺术的载体

E. 扇子成了艺术品

F. 而且,扇子的功能也多样化了

G. 人们在扇面上写字、画画儿

2. 正确的顺序应为:＿＿＿＿＿＿＿＿

A. 所以又叫"宫扇"

B. 这种扇子十分美丽小巧,而且富有情趣

C. 因为绢扇多在皇宫里使用

D. 所以又叫"团扇"

E. 又因为它的形状是圆形的——"团如明月"

F. 因此极受女孩子的喜爱,直到现在也是这样

五 范文（建议教学时间：30分钟）

中国的扇子

中国是个历史悠久的国家,有很多传统物品至今仍在我们的生活中发挥着重要的作用,比如说扇子。

最早的扇子并不是扇风取凉用的,而是贵族们出行时用来遮阳挡风沙的,同时也用来显示自己的权威,所以那时候的扇子很

大，是用雉（zhì）鸡的长长的尾羽制成的，叫"障（zhàng）扇"。到了战国晚期的时候，扇子成了贵族们的生活用具，因为是用羽毛做的，所以被称为"羽扇"。汉朝时期，扇子开始在普通人的生活中流行。扇子主要的功能已经变成了扇风取凉，出现了竹扇和蒲扇，也出现了丝绢制成的绢扇。因为绢扇多在皇宫里使用，所以又叫"宫扇"。又因为它的形状是圆形的——"团如明月"，所以又叫"团扇"。这种扇子十分美丽小巧，而且富有情趣，因此极受女孩子的喜爱，直到现在也是这样。后来这种绢扇的形状也多样化了。到了北宋时期，出现了折扇，就是可以打开可以收起来的扇子。因为方便实用，折扇一直到今天也还是广受欢迎。

随着扇子的形状和制作工艺的发展，扇子的种类更加丰富，工艺更加精巧。而且，扇子的功能也多样化了。扇子成了文化艺术的载体，人们在扇面上写字、画画儿，在扇骨上雕刻、烫画、镶嵌，等等，扇子成了艺术品。

浙江、江苏、四川和广东是扇子的主要产地。杭州的黑纸扇、苏州的檀香（tánxiāng）扇、四川自贡的竹丝扇、广东新会的葵（kuí）扇、肇庆（Zhàoqìng）的牛骨扇，被称为中国的"五大名扇"。

漂亮的扇子，不仅是让炎热的夏天变得清凉的生活用品，也是很好的纪念品和收藏品。

（选自中国新闻网，网址：https://www.chinanews.com.cn/hwjy/news/2010/06-23/2358622.shtml，访问日期：2021年9月28日，有修改）

1. 将下列图片按照出现的时间顺序排列，并用一句话概括它们的含义或特点。

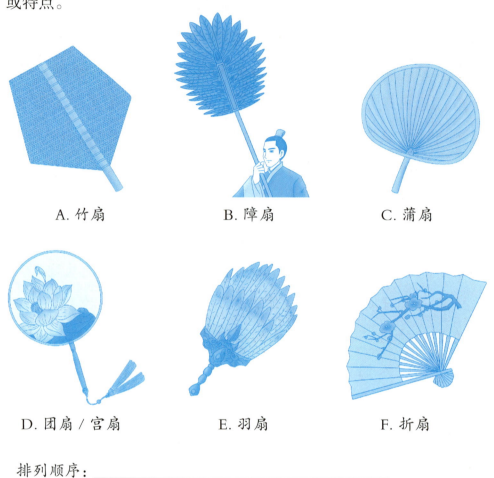

A. 竹扇　　　　　B. 障扇　　　　　C. 蒲扇

D. 团扇／宫扇　　E. 羽扇　　　　　F. 折扇

排列顺序：_____

2. 根据范文完成表格。

	最早的时候	战国晚期	汉朝	北宋
扇子的名称				
扇子的功能				

3. 根据范文，填写下面扇子的产地。

中国的五大名扇中，檀香扇产自＿＿＿＿，黑纸扇产自＿＿＿＿，葵扇的产地是＿＿＿＿，牛骨扇的产地是＿＿＿＿，而竹丝扇产自＿＿＿＿。

六 输出表达（建议教学时间：100分钟）

写一篇说明文，介绍中国传统工艺品风筝。

（一）写前热身（建议教学时间：50分钟）

❺

1. 查一查下面的词语,加拼音,并简单解释一下它们的意思。

（1）发明_____　　（2）放_____

（3）构造_____　　（4）种类_____

（5）器物_____　　（6）制作_____

（7）寓意_____　　（8）吉祥_____

（9）祝颂_____　　（10）长寿_____

（11）材质_____　　（12）骨架_____

（13）扎_____　　（14）糊_____

2. 写前思考题：查一查相关的资料,回答下面的问题。

（1）你知道风筝的故乡是哪里吗?

（2）你知道风筝是什么时候发明的吗?

（3）最早的风筝就是一种玩具吗?

第四课　这是我们的特色产品

（4）你们小时候做风筝、放风筝吗？

（5）风筝是按照什么进行分类的？风筝有哪些种类？

（6）你知道风筝都有哪些功能吗？

（7）你知道风筝的样式和制作方法吗？

（8）风筝一般是用什么材料做成的？

（9）什么时候放风筝最好？

（10）放风筝的时候需要注意什么？

3. 根据下面的提示词语，简单概括一下每一组图的大意。

（1）放风筝是＿＿＿＿＿＿＿＿＿＿＿＿＿＿＿＿＿＿＿＿娱乐活动。

（2）风筝的种类＿＿＿＿＿＿＿＿＿＿＿＿＿＿＿＿＿＿＿＿

＿＿＿＿＿＿＿＿＿＿＿＿＿＿＿＿＿＿＿＿。（构造　分类）

（3）风筝的制作工艺＿＿＿＿＿＿＿＿＿＿＿＿＿＿＿＿＿＿

＿＿＿＿＿＿＿＿＿＿＿＿＿＿＿＿＿＿。（骨架　扎　糊　绘）

（4）风筝的制作步骤＿＿＿＿＿＿＿＿＿＿＿＿＿＿＿＿＿＿

＿＿＿＿＿＿＿＿＿＿＿＿＿＿＿＿＿＿＿＿＿＿＿＿＿＿。

（5）中国的潍坊是＿＿＿＿＿＿＿＿＿＿＿＿＿＿＿＿。（故乡）

4. 根据上面练习题 2、3 中的信息填写表格。

风筝的发明	
放风筝的时间	

59

放风筝的好处		
风筝的种类		
风筝的制作	材料	
	过程	
跟风筝有关的活动		

(二)写作任务（建议教学时间：50分钟）

写一篇介绍"风筝"的说明文，要求500字左右。

第四课　这是我们的特色产品

第四课 这是我们的特色产品

第五课　关于10号楼服务状况的调查报告

一　知识银行（建议教学时间：15分钟）

1　写作知识：应用文

（1）应用文介绍。

应用文是人们在生活、学习、工作中为处理实际问题或为某种具体的实用目的而经常应用的一种文体。应用文非常实用而且有惯用格式。根据性质，应用文可分为三类：一般性应用文、公文性应用文和事务性应用文。

一般性应用文是指个人或组织机构在日常生活中常用的应用文，一般包括书信、启事、请假条、会议记录、读书笔记、说明书、通知等。

公文性应用文是指党政机关、社会团体、企事业单位为处理公务而发出的文件类应用文，一般包括布告、通告、指示、决定、命令、请示等。

事务性应用文是指组织机构在处理日常事务时所使用的一种应用文，一般包括调查报告、规章制度等。我们这里主要介绍调查报告这一类应用文。

（2）调查报告写作要点。

调查报告主要包括以下几部分：

①标题。标题可以有两种写法。一种是规范化的标题格式，如"××关于×××的调查报告""关于×××的调查报告""×××调查"等。另一种是自由式标题，如《本市退休老人的五彩生活》《为什么大学毕业生择业倾向于沿海和京津地区》。

②正文。正文一般分前言、主体、结尾三部分。

a. 前言。前言有几种写法，主要包括：第一种是写明调查的起因或目的、时间和地点、对象或范围、经过与方法，以及人员组成等调查本身的情况，从中引出中心问题或基本结论来；第二种是写明调查对象的历史背景、大致发展经过、现实状况、主要成绩、突出问题等基本情况，进而提出中心问题或主要观点来；第三种是开门见山，直接概括出调查的结果，如指出问题、说明中心内容等。前言起到画龙点睛的作用，要精练概括，直切主题。

b. 主体。这是调查报告最主要的部分，这部分详述调查研究的基本情况、做法、经验，以及分析调查研究材料中的各种具体认识、观点和基本结论。

c. 结尾。结尾的写法也比较多，可以提出解决问题的方法、对策或下一步改进工作的建议；或总结全文的主要观点，进一步深化主题；或提出问题，引发人们的进一步思考；或展望前景，发出鼓舞和号召。

此外，调查报告还常有附录，包括：完整的调查问卷部分、典型个案资料等原始材料或正文中有关材料的出处及参考文献旁证材料等。

2 汉语知识：与调查报告相关的词语和句式

因为调查报告属于事务性应用文，有相对固定的格式，因此也就形成了一些固定的表达方式，包括句式和词语。例如：

调查报告的标题	关于……的调查报告；……调查；……调查分析；……调查研究
表示调查的目的、方法	本次调查是为了……；采用……对……进行调查；通过……的调查
表示调查数据分析	共有；总计；百分之……；达；高达；为；占；仅；不足；不到；大约；以上；以下；上下；左右
调查结论	根据/据……；经过调查；调查发现；从……来看；数据表明；由此可见；综合以上……

二 头脑风暴（建议教学时间：5分钟）

小组讨论

1. 你以前做过哪些方面的调查？
2. 你最想做哪个方面的调查？
3. 你调查的目的是什么？
4. 你知道哪些调查方式？

三 偏误分析（建议教学时间：15分钟）

> 剧调查，40岁的吸烟者的身体状况相当于50岁的非吸烟者的身体状况。

1. 这个句子中有形似字的误用，请指出并改正。

> 根据文章的调查中，我认为没有真正好孩子的标准。各人有不同的想法和标准，有些父母觉得听话的孩子就是好孩子。

2. 指出句子中的错误并改正。

| 对 | 这 | 种 | 做 | 法 | ， | 我 | 支 | 持 | 的 | 理 | 由 | 大 |
| 约 | 以 | 下 | 三 | 个 | 。 | | | | | | | |

3. 这个句子缺少一个动词，请在适当的位置加上合适的动词。

_____

| 综 | 上 | 所 | 述 | ， | 近 | 年 | 来 | 的 | 吸 | 烟 | 政 | 策 |
| 对 | 公 | 众 | 有 | 利 | 益 | 。 | | | | | | |

4. 指出句子中的错误并改正。

_____

四 词汇和语法（建议教学时间：35分钟）

练习 1 熟悉重点词语的用法，并完成句子

1. <u>通过</u>：我们想通过调查，了解留学生对宿舍楼管理现状的意见。

_____ 。

第五课 关于10号楼服务状况的调查报告

2. 关注：10号楼是国际学生宿舍楼，留学生们自然很关注10号楼的管理和服务情况。

   目前_____。

3. 占：认为10号楼应该使用外语发布通知的受访者占83%。

   这个学期来自东南亚的学生_____。

4. 达到：认为住宿费支付时间不合理的受访者达到60%。

   今年我国的GDP增长速度_____。

5. 高达：高达90%的受访者希望10号楼能提供刷卡设施及服务。

   他的月薪_____。

练习 2 选词填空

其中　　对于　　而且　　另外　　关于

1. 目前宿舍管理员是用张贴纸版通知的办法来发布宿舍的各项安排，_____这些通知全是用汉语书写的，没有英文版。

2. 我们一共对30位留学生进行了调查，_____15人是速成班的学生，_____15人是普通班的学生。

3. _____管理员和服务员的服务态度，81%的受访者感到不太满意。

4. _____10号楼的设施，高达90%的受访者希望10号楼能提供刷卡设施及服务。

练习 3　组词成句

1. 一共　我们　30位　对　留学生　了　调查　进行

2. 本次　是　采用　调查　问卷　的　方式　调查　的　进行

3. 时间　支付　与　上课　相　时间　冲突　住宿费　的　留学生　的

4. 调查　有助于　这次　学校　的　10号楼　提高　的　留学生　管理服务　改善　水平　生活　环境　学习

第五课 关于10号楼服务状况的调查报告

练习 4　组句成段

1. 正确的顺序应为：_____

   A. 了解留学生对宿舍楼管理现状的意见

   B. 并且希望通过这项调查，提醒学校改善服务

   C. 使他们有更好的生活和学习体验

   D. 我们想通过调查

   E. 给留学生提供更好的生活、学习环境

2. 正确的顺序应为：_____

   A. 我们确定这次调查是有意义的

   B. 改善留学生的生活、学习环境

   C. 然后设计了调查问卷，并把问卷分发给了30位受访者

   D. 将有助于学校提高10号楼的管理服务水平

   E. 因此，我们首先通过访谈确定了调查的主题和相关问题

   F. 通过平日的了解和观察

五 范文（建议教学时间：30分钟）

关于10号楼服务状况的调查

沈永青　陈瑜慧

一、前言

1. 调查背景和目的

10号楼是国际学生宿舍楼，专供留学生使用，留学生们自然很关注10号楼的管理和服务情况。目前宿舍管理员是用张贴纸版通知的办法来发布宿舍的各项安排，而且这些通知全是用汉语书写的，没有英文版。另外，宿舍楼管理员的语言能力不足，住宿费的支付时间与留学生的上课时间相冲突，付费方式也很不方便。我们想通过调查，了解留学生对宿舍楼管理现状的意见，并且希望通过这项调查，提醒学校改善服务，给留学生提供更好的生活、学习环境，使他们有更好的生活和学习体验。

2. 调查对象

调查对象为住在10号楼的留学生。我们一共对30位留学生进行了调查，其中15人是速成班的学生，另外15人是普通班的学生。他们的汉语水平从A到E，层次不同。

3. 调查时间

本次调查时间为2016年3月25日至30日。

4. 调查方法

本项调查是采用问卷调查的方式进行的。

二、调查经过、结果及分析

1. 调查经过

通过平日的了解和观察,我们确定这次调查是有意义的,将有助于学校提高10号楼的管理服务水平,改善留学生的生活、学习环境。因此,我们首先通过访谈确定了调查的主题和相关问题,然后设计了调查问卷,并把问卷分发给了30位受访者。

这次调查是通过调查对象自助填表的方式进行的。在填表过程中,调查对象是在没有别人帮助的情况下独立回答问卷所有问题的。

本项调查发出问卷30份,收回有效问卷30份。

2. 调查结果

(1) 大约53%的受访者认为学校应录用能说外语(主要是英语)的管理员。

(2) 81%的学生对10号楼前台服务员的服务态度不太满意。

(3) 认为10号楼应该使用外语发布通知的受访者占83%。

(4) 认为住宿费支付时间不合理的受访者达到60%。

(5) 关于10号楼的设施,高达90%的受访者希望10号楼能提供刷卡设施及服务。

3. 调查结果分析

根据调查结果,我们分析认为,虽然大多数留学生刚入住时,没遇到什么实际困难,但具备说英语的能力应当是录用管理员的必要条件。在暂时不能解决这个问题的情况下,学校可以组织老生做志愿者,帮新生当翻译,解决沟通上的问题。

对于管理员和服务员的态度，我们认为需要改进的空间很大，在业务能力不足（如不会说外语）的情况下，良好的服务态度更有必要。

对于具体的管理措施，我们认为学校应该改进。例如，发布通知使用英汉双语是最合适的。交纳住宿费的时间也应该以方便学生为原则来设定，付费方式也应该改用学生习惯或方便的方式。

关于10号楼的硬件设施，我们普遍认为，如果能在楼内配置ATM机或者POS机以及自动售货机，将会极大改善学生的入住体验。

三、结论

根据这次调查，我们得知，10号楼的留学生对宿舍楼服务管理的问题还是很关注的。

大家希望通过调查，学校能重视这些问题，并针对以上问题，尽快提出解决方案，采取措施，让10号楼成为真正的国际学生之家，吸引更多的留学生来我校学习。

1. 假如你是调查者，请根据范文内容写出调查问卷中的几个问题。

问题1：_____。

问题2：_____。

问题3：_____。

问题4：_____。

问题5：_____。

2. 随着中国移动支付技术的不断提升，移动支付近年来已得到了广泛的普及。下图为2019年中国移动支付用户使用频率的统计情况。请使用下列词语，写出下图中显示的调查结果，并进行简单分析。

有　　占　　达到　　比例　　通过　　根据　　可见　　表明

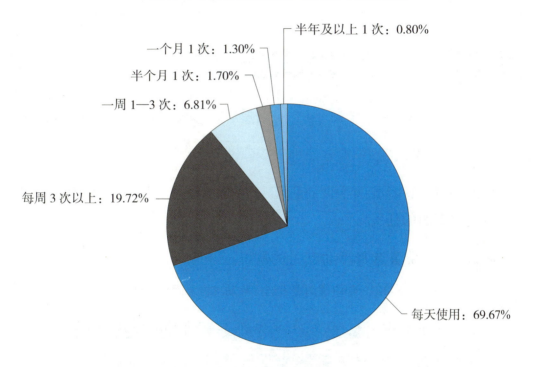

2019年中国移动支付用户使用频率统计情况

（材料来源：https://bg.qianzhan.com/trends/detail/506/200630-0ce849a7.html，访问日期：2021年10月28日）

调查结果：

_____

_____

_____

_____

调查结果分析：

_____
_____
_____
_____

六 输出表达（建议教学时间：100分钟）

看图作文：请选择一个题目，根据提供的图表写一份调查报告。

（一）写前热身（建议教学时间：50分钟）

1. 写前阅读：下面有两个调查题目，请简单浏览，并选择其中一个题目完成下面的任务。

   题目1：消费者选择移动支付的情况

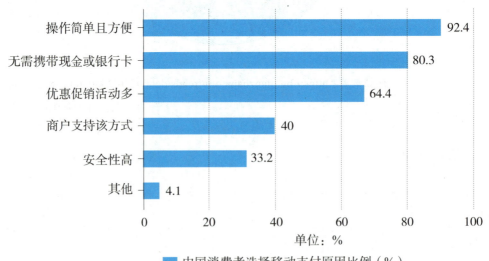

（材料来源：https://bg.qianzhan.com/trends/detail/506/200630-0ce849a7.html，访问日期：2021年10月28日）

查一查题目1中的词语，加拼音，并简单解释一下它们的意思。

（1）消费者_____　　（2）移动_____

（3）支付_____　　（4）操作_____

（5）携带_____　　（6）优惠_____

（7）促销_____　　（8）商户_____

（9）支持_____　　（10）该_____

题目2：2016年大学生的消费情况

（材料来源：http://slide.edu.sina.com.cn/slide_11_86517_55032.html#p=6，
访问日期：2021年10月29日）

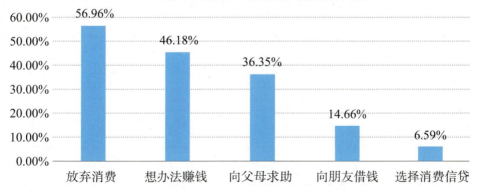

（材料来源：http://slide.edu.sina.com.cn/slide_11_86517_55032.html#p=5，
访问日期：2021年10月29日）

查一查题目2中的词语,加拼音,并简单解释一下它们的意思。

（1）日常_____　　（2）来源_____

（3）供给_____　　（4）兼职_____

（5）勤工助学_____　　（6）贷款_____

（7）理财_____　　（8）资助_____

（9）借贷_____　　（10）开销_____

（11）放弃_____　　（12）信贷_____

2. 写前思考：根据选择的题目，分小组完成讨论。

（1）什么人会做这个调查？

（2）做这个调查的目的可能是什么？

（3）这个调查的结果是什么？

（4）我们应该怎么分析这个调查结果？

（5）根据调查结果，我们能得出什么结论？

3. 根据你选择的题目中的图表，简单写出调查背景和目的。

_____

_____

_____

_____

（二）写作任务（建议教学时间：50分钟）

1. 课堂任务。

   （1）按照选择的题目分小组，讨论后拟出调查报告的标题，并写出完整的调查报告的前言大纲。

   （2）小组讨论，根据图表写出调查结果，并对结果进行简单分析。

   （3）各组之间互相汇报。

2. 课后任务（二选一）。

   （1）根据课堂讨论内容，写一篇完整的调查报告。要求500字左右。

   （2）自选调查主题，完成一篇较为详细的调查报告。要求500字左右。

第五课　关于10号楼服务状况的调查报告

第六课　善意的谎言

一　知识银行（建议教学时间：20分钟）

1　写作知识：议论文介绍

（1）议论文又叫说理文，是通过对某个问题或某事件进行分析、评论，发表意见，表明自己的观点、立场、态度、看法和主张的一种文体。

（2）议论文应该观点明确、论据充分、语言精练、论证合理、有严密的逻辑性。

（3）议论文的三要素包括：论点、论据、论证。论点是作者的观点。论据是支持论点的材料。论证是用论据来证明论点的过程，目的在于揭示出论点和论据之间的内在逻辑关系。

在议论文中，论据包括两大类：理论论据和事实论据。理论论据是证明论点正确与否的依据，可采用引用名人名言、俗语、谚语，列出定理、公理等方式证明论点。事实论据是对客观事物的直接概括，是证明论点的最具说服力的依据，通常用概括事实、列数字等方法来证明论点。

论证的方法有很多，包括归纳法、演绎法、比较法等。具体论证时，可采用举例、概括、对比、归纳、列数据等方法。

在议论文写作过程中，只有把这三要素有机地结合在一起，才能使文章更有说服力。

议论文的一般文章结构为"总论——分论——总论"式。即先提出作者的看法、观点，然后分别从不同方面进行说明、论证，最后总结概括自己的观点。这种形式也可以省略第一个或最后一个部分，变成"总论——分论"式或"分论——总论"式。

2 汉语知识：表示因果关系的关联词语

在议论文写作中，为了论证某一论点，我们常常会用到一些衔接语句或高频词，其中常常会用到表示因果关系的关联词语。因果论证常出现在议论文体中。在进行因果论证时，表示因果关系的关联词语的运用是否正确就显得非常重要了。表示因果关系的关联词语常包括两个成分：原因与结果。汉语在书面语中多为因—果语序。表示因果关系的关联词语包括：因为……所以……，由于……因此……，……因而……，……以致……，之所以……是因为……，等等。

因果复句中，常常是一个分句说明原因，另一个分句说明结果，有时是"前因后果"，有时是"前果后因"。这些因果复句中，有的句子成对使用关联词语，有的只在一个分句中使用。

根据统计，在 HSK 作文写作中，"因为"与"由于"的混用、误用以及"由"和"由于"的混用是常见的错误。比如：

（1）由于天气太热，因此大家都不出门。

　　＊因为天气太热，因此大家都不出门。

（2）＊今年我大学毕业了，但由我国的经济情况不好，我还找不到工作。

由例（1）可知，"因为"一般不和"因此"搭配，常与"所以"搭配；而"由于"不仅可与"所以"搭配，也可与"因此""因而"搭配。由例（2）可知，"由"与"由于"不同。"由"是介词，不能引导句子；"由于"是连词，后接表原因的分句。如果例（2）中的"由"改为"由于"，就没有语病了。

二 头脑风暴（建议教学时间：10分钟）

小组讨论

1. 你对家人或者朋友说过善意的谎言吗？

　　如果家人或者朋友发现你说谎了，你会怎么向他们解释？

　　例如：因为我不想让你为我担心，所以我撒谎了。

　　改说：由于我不想让你＿＿＿＿＿＿＿＿＿＿＿＿＿＿＿＿＿＿。

　　（用其他关联词语改说）

2. 人与人相处，最重要的就是真诚。无论是亲人、朋友还是夫妻之间，都需要相互信任。可是有的人认为，很多时候生活中也需要善意的谎言。你认为什么是善意的谎言？

三 偏误分析（建议教学时间：15分钟）

由	于	他	平	时	生	活	方	式	不	健	康	，
所	以	他	的	身	体	很	多	问	题	产	生	起
来	。											

1. 指出句子中的错误并改正。

___

| 很 | 多 | 人 | 意 | 识 | 到 | 抽 | 烟 | 的 | 危 | 害 | ， | 由 |
| 于 | 很 | 多 | 抽 | 烟 | 的 | 人 | 逐 | 渐 | 戒 | 烟 | 了 | 。 |

2. 指出句子中的错误并改正。

所	以	在	大	学	的	时	候	我	们	常	常	去
中	国	实	习	，	我	对	中	国	地	理	比	较
熟	悉	。										

3. 指出句子中的错误并改正。

___

___

我	之	所	以	产	生	了	对	中	国	历	史	和
文	化	的	兴	趣	，	我	从	小	就	受	父	亲
的	影	响	，	我	父	亲	很	喜	欢	中	国	文
化	。											

4. 指出句子中的错误并改正。

___

___

四 词汇和语法（建议教学时间：35分钟）

练习 1 熟悉重点词语的用法，并完成句子

1. 无论：谎言，无论是在婚姻中还是在其他方面，都是一个贬义词。

   最近天气时好时坏，无论＿＿＿＿＿＿＿＿＿＿＿＿＿＿＿。

2. 心安理得：《别饿坏了那匹马》中，主要讲述了一个摆书摊的年轻人为了让贫穷的孩子能够心安理得地在他的书摊上看书而撒谎的故事。

   ＿＿＿＿＿＿＿＿＿＿＿＿＿＿＿＿＿＿＿让我感到心安理得。

3. 诚然：诚然，夫妻之间需要坦诚相待，可有时候为了避免伤害对方或不让对方担心自己，发生一些误会，所以我们就需要了解"善意的谎言"这门学问。

   诚然，他是一个＿＿＿＿＿＿＿＿，但也会有犯错的时候。

4. 出于：善意的谎言是出于美好愿望的谎言。

   我们做这件事是出于＿＿＿＿＿＿＿＿＿＿＿。

5. 维护：善意的谎言是维护夫妻关系长久的一门艺术。

   彼此信任是维护＿＿＿＿＿＿＿＿＿＿＿＿＿。

第六课　善意的谎言

练习 2　选词填空

不是……，而是……　　为了　　也　　以……为……

1. 善意的谎言是出于善良的动机，_____维护他人的利益_____目的和出发点。

2. 可那并_____真正的欺骗，_____一种善意的谎言。

3. 她说丈夫的公司破产了，_____不让她担心，丈夫一直没有告诉她。

4. 善意的谎言是美丽的，这种谎言不是欺骗，_____不是不怀好意。

练习 3　组词成句

1. 谎言　有些时候　婚姻中　需要　的　善意

2. 她　最近　关系　糟糕　和　丈夫　的　非常

3. 我　批评　听完　后　没有　她

4. 善意 维护 谎言 的 是 夫妻关系 的 长久 一门艺术

练习 4 组句成段

1. 正确的顺序应为：_____

   A. 其实是为了保护对方的情感
   B. 善意的谎言
   C. 是一种人文精神
   D. 维护对方的心理健康和愉悦
   E. 从出发点和结果来看

2. 正确的顺序应为：_____

   A. 也不是不怀好意
   B. 这种谎言不是欺骗
   C. 这种谎言就变为可理解、可尊重的了
   D. 善意的谎言是美丽的
   E. 当我们为了爱人的幸福和希望而适度地撒一些小谎的时候
   F. 而且它还具有一种神奇的力量，没有一丝不纯洁

五 范文（建议教学时间：30分钟）

婚姻中也需要善意的谎言

谎言，无论是在婚姻中还是在其他方面，都是一个贬义词，但是婚姻中有些时候也需要善意的谎言。善意的谎言是出于善良的动机，以维护他人的利益为目的和出发点。

善意的谎言，从出发点和结果来看，其实是为了保护对方的情感，维护对方的心理健康和愉悦，是一种人文精神。《别饿坏了那匹马》中，主要讲述了一个摆书摊的年轻人为了让贫穷的孩子能够心安理得地在他的书摊上看书而撒谎的故事。那个摆书摊的年轻人为了能让孩子安心地在书摊上看书，假装要买他的马草，而年轻人实际上并没有马。可那并不是真正的欺骗，而是一种善意的谎言。生活中，我们随处可见善意谎言的影子。

我的一个朋友曾经向我诉说过她的故事。她说，最近她和丈夫的关系非常糟糕。我问她为什么，她说丈夫的公司破产了，为了不让她担心，丈夫一直没有告诉她。他每天依旧去"上班"，但实际上是去找工作。她知道后非常生气，认为丈夫欺骗了自己，没有把她当作最亲近的人。于是她跟丈夫大吵大闹。同时，丈夫认为她不理解自己，也很痛苦。我听完后没有批评她，只是跟她讲了《别饿坏了那匹马》的故事。最后她终于明白了丈夫是为自己好，她决定陪他一起面对困难。

诚然，夫妻之间需要坦诚相待，可有时候为了避免伤害对方或不让对方担心自己，发生一些误会，所以我们就需要了解"善意的谎言"这门学问。

善意的谎言是美丽的，这种谎言不是欺骗，也不是不怀好意。当我们为了爱人的幸福和希望而适度地撒一些小谎的时候，这种谎言就变为可理解、可尊重的了，而且它还具有一种神奇的力量，没有一丝不纯洁。

善意的谎言是出于美好愿望的谎言，它让人从心里燃起希望之火，也让人确信世界上有爱、有信任、有感动。

夫妻之间总有一些秘密，每个人都有自己的心灵花园，愿意一个人守候。当对方想踏入这个花园而自己又不乐意时，是可以用善意的谎言来沟通的。善意的谎言是维护夫妻关系长久的一门艺术。

1. 根据范文完成表格。

题目：婚姻中也需要善意的谎言	
论点	
论据	

论证	

2. 请你说说这篇范文的结构是如何安排的。

3. 你同意还是反对作者的观点？请说明理由。

六 输出表达（建议教学时间：90分钟）

围绕"父母能否对孩子撒谎"这一话题写一篇议论文，文中要有自己的观点。

（一）写前热身（建议教学时间：40分钟）

1. 查一查下面的词语，加拼音，并简单解释一下它们的意思。

（1）撒谎＿＿＿＿＿＿＿＿　　（2）欺骗＿＿＿＿＿＿＿＿

（3）隐瞒＿＿＿＿＿＿＿＿　　（4）信赖＿＿＿＿＿＿＿＿

（5）无微不至＿＿＿＿＿＿　　（6）未必＿＿＿＿＿＿＿＿

（7）惋惜＿＿＿＿＿＿＿＿　　（8）体谅＿＿＿＿＿＿＿＿

（9）探讨＿＿＿＿＿＿＿＿　　（10）适宜＿＿＿＿＿＿＿

2. 根据你自己的理解，完成句子。

（1）父母＿＿＿＿＿＿＿＿＿＿＿＿＿＿＿＿＿＿＿＿对孩子撒谎。

（2）父母的＿＿＿＿＿＿＿＿＿＿＿＿＿＿＿＿行为影响着孩子。

（3）父母应该＿＿＿＿＿＿＿＿＿＿＿＿＿＿＿＿＿＿教育孩子。

（4）如果是善意的谎言，＿＿＿＿＿＿＿＿＿＿＿＿＿＿＿＿＿。

（5）面对父母的谎言，孩子应该＿＿＿＿＿＿＿＿＿＿＿＿＿。

3. 写前思考：回答下面的问题。

（1）你认为什么是善意的谎言？

（2）你与父母的关系怎么样？

（3）你认为我们应该如何与父母相处？

（4）你认为父母可以对孩子撒谎吗？如果是善意的谎言呢？

（5）如果你的父母对你撒谎或者隐瞒一些事情，你会怎么做？

（6）假如你的父母对你说了善意的谎言，你会原谅他们吗？请列举一些实例来说明你的观点。

4. 根据写前思考的提示，就"父母能否对孩子撒谎"这一话题填写下面的表格。

话题：父母能否对孩子撒谎	
论点	

论据	
论证	

（二）写作任务（建议教学时间：50分钟）

1. 课堂任务。

　　（1）分组讨论，每组说明自己的论点。

　　（2）每组将各自所论述的观点及实例写成一段话。

　　（3）各组之间互相交流、汇报各自的交流成果。

2. 课后任务。

　　围绕"父母能否对孩子撒谎"这一话题写一篇500字左右的议论文（题目自拟）。

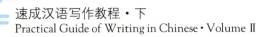

第六课　善意的谎言

第七课　职场上的 90 后

一　知识银行（建议教学时间：15 分钟）

1　写作知识：缩写

"缩写"是一种实用的写作方式。它是将内容较多、篇幅较长的文章按一定的要求改写成较短的文章。

缩写文章由缩写句子开始，就是把句中修饰性的词语去掉，只留下主要成分，就像把一棵树的枝叶去掉，只留下主干一样。比如，"那个穿着肥大的黑衣的男人懒懒地吸了一口烟"可以缩写成"那个黑衣男人吸了一口烟"。

对一篇文章而言，缩写时要注意以下问题：一要保持原文的主题或中心思想，也就是文章的主干；二要保持原文的体裁和结构；三要保持原文的写作顺序。同时，也要有详写有略写，保持文章的完整性。也就是说，缩写文章，最重要的是要忠于原文。

2 汉语知识：汉语的句子成分

句子是由词或词组按照一定的组合关系构成的。句子的组成成分就叫句子成分。按照不同的组合关系，可以把句子分为不同的组成成分。现代汉语中一般的句子成分包括：主语、谓语、宾语、定语、状语、补语等。

主语是话题，也是谓语陈述或说明的对象，常常是动作的发起者，一般由名词、代词或名词性短语充当；谓语是说明陈述主语的部分，表示主语"怎么样""是什么"或"做什么"，大多由动词或形容词充当；宾语是谓语动词的涉及对象，经常由名词、代词或名词性短语充当，回答"谁""什么"之类的问题。比如：

（1）天气不错。（"天气"是主语，"不错"是谓语）

（2）他吃米饭。（"他"是主语，"吃"是谓语，"米饭"是宾语）

这些句子成分是清楚表达意思时不可或缺的部分。

定语是名词性短语里中心语前面的修饰限定成分；状语是动词、形容词性短语里中心语前的修饰限定成分；补语是动词、形容词性短语里中心语后起补充作用的成分。比如：

（3）他慢慢地吃着一大碗米饭。（"慢慢"是状语，修饰动词"吃"，"地"是状语标记；"一大碗"是定语，修饰限定宾语"米饭"）

（4）她的眼睛长得漂亮极了。（"她"是定语，限定主语"眼睛"，"的"是定语标记；"漂亮极了"是补语，补充说明动词"长"，"得"是补语标记）

这些句子成分使句意的表达更加完整细致、生动形象。在缩写时常常是可以舍弃的部分。

初学写作时，会出现句子成分缺失或多余的情况，需要多加注意。

二 头脑风暴（建议教学时间：10分钟）

1. 说一说下列句子中的各种句子成分。

    （1）我认识了很多来自不同国家的新朋友。

    （2）今天晚上我和王林一起去饭馆儿吃饭。

    （3）90后普遍都有强大的学习能力。

2. 回答下面的问题。

    （1）你知道"长话短说"是什么意思吗？

    （2）你认为什么时候需要长话短说？

    （3）你能举几个长话短说的例子吗？

三 偏误分析（建议教学时间：10分钟）

昨	天	上	午	我	看	到	了	你	们	公	司	的
招	聘	启	事	，	我	在	贵	公	司	想	做	推
销	员	。										

1. 指出句子中的错误并改正。

| 明 | 天 | 我 | 打 | 算 | 记 | 录 | 我 | 的 | 感 | 情 | 生 | 活 |
| 在 | 博 | 客 | 。 | | | | | | | | | |

2. 指出句子中的错误并改正。

_____

| 万 | 一 | 你 | 是 | 个 | 骗 | 子 | ， | 不 | 会 | 原 | 谅 | 你 |
| 的 | 。 | | | | | | | | | | | |

3. 指出句子中的错误并改正。

_____

| 他 | 的 | 品 | 德 | 不 | 至 | 于 | 我 | 们 | 公 | 司 | 的 | 标 |
| 准 | 。 | | | | | | | | | | | |

4. 指出句子中的错误并改正。

_____

第七课　职场上的90后

四 词汇和语法（建议教学时间：35分钟）

练习1 熟悉重点词语的用法，并完成句子

1. 与众不同：与他们交往越深，我越发现他们的与众不同。
   _____，因此很快引起了大家的注意。

2. 融入：90后普遍具有快速融入社会和职场的能力。
   牛奶倒入热巧克力中_____。

3. 强大：90后普遍具有强大的学习能力。
   _____，大家都很佩服他。

4. 与生俱来：他们的创造力和学习能力，似乎是与生俱来的。
   那些被我们称为"天才"的人_____。

5. 攻坚克难：他们不惧怕新事物新领域的挑战，认为自己有能力攻坚克难，解决问题。
   生活中充满了挑战，_____。

练习2 选词填空

而　　随着　　则　　既……又……　　因为……而……

1. 这就是个性鲜明，_____优点突出_____存在不足的90后。

2. _____与他们交往的不断深入，我越发现他们的与众不同。

3. 小丁的善于融入只表现在人际关系上，_____小叶在人际关系和工作方面都融入得很快。

4. 他们认为在职场中人人平等，并不会_____谁是老板_____觉得他高人一等。

5. 小史是典型的学霸，小董_____毕业于一所普通大学。

练习 3 组词成句

1. 快速　90后　具有　能力　职场　普遍　融入　社会　和　的

2. 两个　这　90后　迅速　融入　都　同事圈儿　了

3. 之后　小叶　被　不久　就　正式员工　破格　为　录用

4. 共同　遇到　他们　的　问题　工作上　就是　需要　新知识　学习　新技能

_____
_____

练习 4　组句成段

1. 正确的顺序应为：_____

   A. 他们认为在职场中人人平等
   B. 90后普遍具有快速融入社会和职场的能力
   C. 可90后们则天生自来熟
   D. 80后初入职场，往往是从为上司泡一杯茶开始的
   E. 并不会因为谁是老板而觉得他高人一等
   F. 他们对待老板的态度是恭敬的
   G. 但情感却可能是疏离的

2. 正确的顺序应为：_____

   A. 他们不惧怕新事物新领域的挑战
   B. 90后普遍具有无畏的挑战能力
   C. 认为自己有能力攻坚克难，解决问题
   D. 小史和小董的例子也告诉我们
   E. 同时，这种自信和勇气也表现在个性叛逆和无惧权威上

练习 3 缩写句子

（1）他们遇到的共同问题就是工作上需要学习新知识、新技能。

（2）慢慢地我发现，小丁的善于融入只表现在人际关系上，而对于工作则迟迟进入不了状态。

（3）他们发挥自己强大的创造力和学习能力，快速圆满地完成了新分配给他们的任务。

五 范文（建议教学时间：30分钟）

职场上的90后

职场上的90后是什么样的一代人？任性、懒散、不靠谱、没有责任心……这些都是常常听到的人们对他们的评价。然而，与他们交往越深，我越发现他们的与众不同。90后们大概很不愿意被人们贴上各种各样的标签，但我还是想说说他们具有的某些共同特征。

90后普遍具有快速融入社会和职场的能力。80后初入职场，往往是从为上司泡一杯茶开始的。他们对待老板的态度是恭敬的，但情感却可能是疏离的。可90后们则天生自来熟。他们认为在职场中人人平等，并不会因为谁是老板而觉得他高人一等。

小丁来到我们公司实习，第一次聚餐就与大家谈笑风生，大家很快就喜欢上了她。小叶不是我们部门的实习生，但他和我们都很熟，因为他常常"顺手"从前台带来我们的快递，"顺便"一起拿回打印的文件，"又顺便"帮出差的同事预订机票酒店。这两个90后都迅速融入了同事圈儿。不过，慢慢地我发现，小丁的善于融入只表现在人际关系上，而对于工作则迟迟进入不了状态。小叶则不但快速融入了同事圈儿，对工作也很快便得心应手了。不久之后，小叶就被破格录用为正式员工，而小丁实习期一过就被打发走了。

90后普遍具有强大的学习能力。80后初入职场时，常见的是被分配给一位老员工，跟着"师傅"学习相关的业务知识。而90后生长于一个创业之花处处开放的年代，所以他们的创造力和学习能力，似乎是与生俱来的。

小史是典型的学霸，小董则毕业于一所普通大学。他们遇到的共同问题就是工作上需要学习新知识、新技能。但无一例外，他们二人二话不说就接受了工作任务，然后通过网络或其他渠道自学，同时发挥自己强大的创造力和学习能力，快速圆满地完成了新分配给他们的工作任务。

这让我觉得90后独立思考和积极的学习态度，使他们拥有了"最强大脑"，可以说，他们是这个时代有准备的人。

小史和小董的例子也告诉我们，90后普遍具有无畏的挑战能力。他们不惧怕新事物新领域的挑战，认为自己有能力攻坚克难，解决问题。同时，这种自信和勇气也表现在个性叛逆和无惧权威上。

当然，90后也有自己的不足，比如有时会过于自信，不谦虚，爱玩儿网络游戏，爱冲动。但随着年龄的增长，相信他们会逐渐成熟稳重。

这就是个性鲜明，既优点突出又存在不足的90后。

职场90后（缩写）

职场上的90后是什么样的一代人？

随着与他们交往的不断深入，我发现他们的与众不同。因此我想说说他们的某些共同特征。

90后普遍具有快速融入社会和职场的能力。他们天生自来熟。这是因为他们认为在职场中人人平等，并不会因为谁是老板而觉得他高人一等。

小丁和小叶是不同部门的实习生，他们的共同特点是都迅速融入了同事圈儿。不过小丁的融入力只表现在人际关系方面，而小叶在工作方面也融入得很快。

90后普遍具有强大的学习能力，那似乎是与生俱来的。

小史和小董毕业于不同的大学。在工作上需要学习新知识新技能时，他们都通过网络或其他渠道自学，快速圆满地完成了工作任务。

因此，90后独立思考和积极的学习态度，使他们拥有了"最强大脑"，成为这个时代有准备的人。

小史和小董的例子也告诉我们，90后普遍具有无畏的挑战能力。他们不惧怕新事物新领域的挑战，相信自己有能力攻坚克难，解决问题。同时这种挑战力也表现在个性叛逆和无惧权威上。

当然，90后也有自己的不足，比如有时会过于自信，不谦虚，爱玩儿游戏，爱冲动。但相信他们会逐渐成熟。

这就是个性鲜明，既优点突出又存在不足的90后。

1. 仔细阅读原文，回答下列问题。

（1）作者在开始时提出了什么问题？这个问题对这篇文章重要吗？
（2）作者为什么要写这篇文章？
（3）作者认为90后有哪些与众不同的特点？
（4）作者是怎么说明这些特点的？
（5）最后一句话可不可以省略？为什么？

2. 根据原文完成文章结构图。

第一部分：提出问题和观点（总说）
　　问题：职场上的90后是什么样的一代人？
　　观点：他们是与众不同的。

第二部分：说明观点
　　_____。
　　_____。
　　_____。

第三部分：得出结论 _____。

六 输出表达（建议教学时间：100分钟）

（一）前期准备（建议教学时间：40分钟）

1. 再次阅读原文。
2. 两人一组进行合作，在第五部分练习1和练习2的基础上，写出原文的缩写稿。
3. 口头汇报各组拟写的草稿。

（二）写作任务（建议教学时间：60分钟）

1. 在拟写的草稿的基础上，对照课本中的缩写稿，检查、修改、润色，完善自己的缩写稿。
2. 誊写，上交成稿。要求400字左右。

第七课 职场上的90后

第七课 职场上的90后

第八课　说"勤"

一　知识银行（建议教学时间：15分钟）

1　写作知识：议论文的论证方法

议论文的三要素包括论点、论据、论证。在提出论点后，作者要提供论据并使用它们论证自己的观点。议论文常见的论证方法有：举例论证（例证法）、对比论证、类比论证、比喻论证、引用论证（引证法）、归纳论证（事实论证）、因果论证等。

（1）举例论证（例证法）是最常用的论证方法。即用具体事例来证明作者观点的论证方法，也就是通过"摆事实"证明自己的观点，因为"事实胜于雄辩"。本课的范文就使用了这种方法。

（2）对比论证也是常见的论证方法。即把正反两方面的论点或论据作对比，并加以分析，达到证明正确观点、否定错误观点的目的。

（3）类比论证是一种通过已知事物（或事例）与跟它有某些相同特点的事物（或事例）进行比较类推，从而证明论点的论证方法。

（4）比喻论证是用人们熟知的事物作比喻来证明论点的论证方法。这种方法可以使自己的论点更易懂，更有趣，也更容易获得读者的认同。

（5）引用论证（引证法）是通过引用名人名言、俗话谚语、警句定理等来证明自己观点的一种论证方法，也是很常见的一种论证方法。

（6）归纳论证（事实论证）就是运用归纳推理进行论证的一种方法，即从一系列的具体事例中归纳总结，得出一个论点的论证方法。

（7）因果论证是根据客观事物之间的普遍性和必然性的因果规律联系，通过提出原因来论证结果的论证方法。

2 汉语知识：方位短语

方位词是表示方向或位置的词，有单纯方位词和合成方位词两类。

单纯方位词有"上、下、前、后、左、右、东、西、南、北、里、外、中、内、旁"。

合成方位词由单纯词以下列方式构成：①单纯方位词前后加上"以""之"或"面、边、头"等，如"以上、之间""前面、后边、里头"等；②由两个单纯方位词对举构成，如"上下、前后、里外"等。

使用时，方位词常跟在名词或动词后构成方位短语，表示处所或时间，如"月光下、教室里、吃饭前、入夜后"。还有些方位短语表示方向、位置的意义已经弱化，转而指代某一范围或某一方面，比如"同学之间、18岁以下、30人以内""人数上、结构上"。由于母语负迁移、目的语规则泛化以及近义词或形似词语混淆等原因，使用过程中，留学生容易出现方位词缺失、误加、误代等使用偏误。比如：

（1）*在我脑子出现了一个大大的问号。（缺失"里"）

（2）*现在学汉语的很多，我的同学每三人之间就有一个。（近义词混淆）

（3）*我认为学校里要加强禁烟的教育。（误加"里"）

（4）*下雨时把三个碗放在地下，碗里的水多了就可以喝了。（误将"地上"用为"地下"）

针对留学生在写作过程中容易出现的种种错误，教师在教学过程中应及时加以纠正。

二 头脑风暴（建议教学时间：10分钟）

（一）说说下列方位短语所表示的意思

房间里　　三天以内　　在朋友的帮助下　　　事实上
职场上　　十人以上　　在这么艰苦的环境中

（二）小组讨论

1. 你能想出哪些带"勤"字的词语？
2. 你认为什么是"勤"？
3. 你认为"勤"重要吗？为什么？

（三）对"勤奋是成功的基础"这一论点进行简单论证并得出结论

勤奋是成功的基础。

理由1：_____

理由2：_____

理由3：_____

结　论：_____

_____

三　偏误分析（建议教学时间：15分钟）

对	大	多	数	家	长	眼	中	来	说	，	一	个
孩	子	会	认	真	努	力	学	习	和	听	家	长
老	师	的	话	，	就	是	好	孩	子	。		

1. 指出句子中的错误并改正。

_____

| 我 | 离 | 开 | 中 | 国 | 一 | 年 | 之 | 间 | 很 | 想 | 中 | 国 |
| 的 | 朋 | 友 | 和 | 美 | 食 | ， | 所 | 以 | 有 | 了 | 回 | 中 |

| 国 | 的 | 机 | 会 | 以 | 后 | ， | 我 | 马 | 上 | 就 | 回 | 来 |
| 了 | 。 | | | | | | | | | | | |

2. 指出句子中的错误并改正。

_____

| 他 | 们 | 两 | 个 | 人 | 从 | 朋 | 友 | 开 | 始 | 交 | 往 | ， |
| 到 | 逐 | 步 | 走 | 进 | 婚 | 姻 | 里 | 头 | 。 | | | |

3. 指出句子中的错误并改正。

_____

人	在	大	自	然	下	，	听	听	鸟	叫	的	声
音	、	水	流	的	声	音	……	真	是	一	种	
享	受	。										

4. 指出句子中的错误并改正。

_____

118

四 词汇和语法（建议教学时间：35分钟）

练习 1 画线连词

珍惜	素材	搜集	影响	战胜	迟钝
汇集	基础	产生	材料	声音	对手
奠定	世界	翻阅	高峰	反应	含义
取得	时间	攀登	杂志	开拓	含混
震惊	成就	克服	弱点	体会	领域

练习 2 熟悉重点词语的用法，并完成句子

1. 来源于：学业的精深造诣来源于勤。

   我国古代神话故事的内容常常_____。

2. 在于：一个人知识的多寡，关键在于勤的程度如何。

   他一再出错的原因_____。

3. 勤于：勤，就是要珍惜时间，勤于学习，勤于思考，勤于探索，勤于实践。

   无论学习哪种语言_____。

4. 出于：高尔基说："天才出于勤奋。"

   父母对孩子的管教都是_____。

练习 3　选词填空

遍及　　与日俱增　　通宵达旦　　任何　　凡……，无不……

1. 古今_____有成就者，_____成功于勤。

2. 他从20岁起就开始游历天下，其足迹_____世界各地。

3. 他特别勤奋，常常_____地看书学习，最终取得了震惊世界的成就。

4. 长期坚持不懈地学习，他的知识和能力_____。

5. _____一项成就的取得都是与勤分不开的。

练习 4　组词成句

1. 为　他　创作　这　《史记》　基础　奠定　了

2. 成功者　凡　没有　不是　的　一个　勤奋　人

3. 战胜　为　对手　他　坚持　练习　每天

4. 懒惰者　不会　事业上　在　永远　成就　有所

5. 失败　即使　也　从中　可以　得到　经验

_____

练习 5　组句成段

1. 正确的顺序应为：_____

   A. 从 20 岁起就开始游历天下
   B. 司马迁著《史记》
   C. 其足迹遍及黄河、长江流域
   D. 他搜集了大量的社会素材和历史素材
   E. 这为他创作《史记》奠定了基础

2. 正确的顺序应为：_____

   A. 这表明
   B. 只要勤
   C. 反应比较迟钝
   D. 同样也是可以变拙为巧的
   E. 即使天资比较差

3. 正确的顺序应为：_____

   A. 为克服这个弱点，战胜对手
   B. 连爬山、跑步也坚持练习演说
   C. 终于成为全希腊最有名的演说家
   D. 他每天口含石子，面对大海练习朗诵
   E. 不管春夏秋冬，坚持十年如一日

121

4. 正确的顺序应为：_____

A. 永远不会使自己变得更加智慧

B. 懒惰者，永远不会在事业上有所成就

C. 开拓自己的知识领域，使自己博学多才

D. 唯有勤奋者

E. 才能在无限的知识海洋里获取到真才实学

F. 并在自己的学习工作中取得巨大的成就

五 范文（建议教学时间：25分钟）

说"勤"

俗话说："一勤天下无难事。"唐代文学家韩愈说："业精于勤荒于嬉，行成于思毁于随。"可见，学业的精深造诣来源于勤。

勤，就是要珍惜时间，勤于学习，勤于思考，勤于探索，勤于实践。古今凡有成就者，无不成功于勤。

勤出成果。司马迁著《史记》，从20岁起就开始游历天下，其足迹遍及黄河、长江流域。他搜集了大量的社会素材和历史素材，这为他创作《史记》奠定了基础。歌德花了近60年时间，搜集了大量材料，写出了对世界文学界和思想界产生很大影响的诗剧《浮士德》。我国当代数学家陈景润，在攀登数学高峰的道路上，

翻阅了国内外的上千本有关资料，通宵达旦地看书学习，取得了震惊世界的成就。可见，任何一项成就的取得都是与勤分不开的，古今中外没有例外。

勤出智慧。传说古希腊有一个叫德摩斯梯尼的演说家，因小时口吃，登台演讲时，声音含混，发音不准，常常被雄辩的对手打败。可是他不气馁，不灰心，为克服这个弱点，战胜对手，他每天口含石子，面对大海练习朗诵，不管春夏秋冬，坚持十年如一日，连爬山、跑步也坚持练习演说，终于成为全希腊最有名的演说家。宋代学者朱熹讲过一个故事：福州有一个叫陈正之的人，反应相当迟钝，读书每次只能读50个字，一篇小文章也要读几十遍甚至上百遍才能读懂。但他丝毫不气馁，勤学苦练，别人读一遍，他则读十遍，天长日久，他了解的知识与日俱增，成了博学之士。这表明，即使天资比较差，反应比较迟钝，只要勤，同样也是可以变拙为巧的。

实践证明，一个人知识的多寡，关键在于勤的程度如何。懒惰者，永远不会在事业上有所成就，永远不会使自己变得更加智慧。唯有勤奋者，才能在无限的知识海洋里获取到真才实学，开拓自己的知识领域，使自己博学多才，并在自己的学习工作中取得巨大的成就。高尔基说："天才出于勤奋。"我想每一个渴望成功的人，是一定能够体会到"勤"的深刻含义的。

（原作者：林家箴，有删改）

1. 仔细阅读范文，写出文中的例证（每个例证只写一句话即可）。

2. 根据范文完成文章结构图。

　　第一部分：提出论点_____○

　　第二部分：进行论证 ⎰ _____○
　　　　　　　　　　　 ⎱ _____○
　　　　　　　　　　　 　 _____○

　　第三部分：得出结论_____○

3. 分组讨论后，总结归纳出范文的大纲。

六　输出表达（建议教学时间：100分钟）

看图作文：《我看"负担"》

①

②

第八课　说"勤"

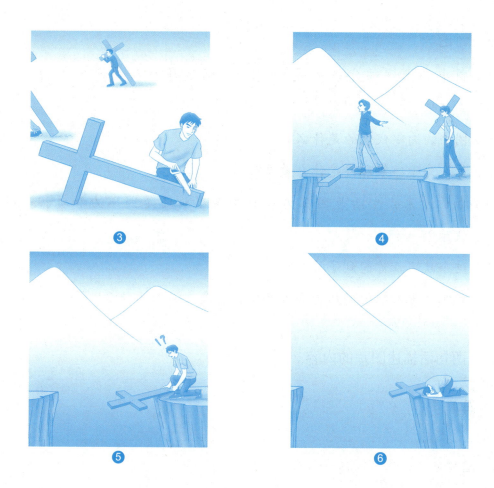

（一）**写前热身**（建议教学时间：50分钟）

1. 查一查下面的词语，加拼音，并简单解释一下它们的意思。

（1）负担＿＿＿＿＿＿＿＿＿　　（2）背＿＿＿＿＿＿＿＿＿

（3）十字架＿＿＿＿＿＿＿＿　　（4）负重前行＿＿＿＿＿＿

（5）砍（掉）＿＿＿＿＿＿＿　　（6）后果＿＿＿＿＿＿＿＿

（7）沟壑＿＿＿＿＿＿＿＿＿　　（8）助力＿＿＿＿＿＿＿＿

（9）跨过＿＿＿＿＿＿＿＿＿　　（10）追悔莫及＿＿＿＿＿＿

2. 写前讨论。

（1）图中的十字架代表的是什么？是不是每个人都有自己的十字架？

（2）图中的沟壑代表的是什么？

（3）你认为十字架和桥是什么关系？

（4）在你看来，生活是因压力和负担而艰难还是因压力和负担而快乐？

（5）这个故事让你想到了什么？

（6）假如你也有很大的压力和负担，你会怎么做？为什么？

3. 用一两句话描述图片的内容。

图①	
图②	
图③	
图④	
图⑤	
图⑥	

4. 试着用合适的连接词，把第 3 题中描述图片的句子连接成一段话。

（二）写作任务（建议教学时间：50 分钟）

1. 课堂任务。

　　（1）全班分为六个小组，每个小组把分到的图片表达的意思或观点写出来，并写出论证步骤。

　　（2）每组根据图片表达的意思或内容讨论归纳出自己得到的启示，即论点。

　　（3）各组写完后向全班汇报，在老师的指导下修改论点或论证步骤。

2. 课后任务。

　　在课堂讨论写作的基础上，以"我看负担"为题，写一篇 500 字左右的议论文。

第八课 说"勤"

第九课　用微笑面对生活

一　知识银行（建议教学时间：20分钟）

1　写作知识：夹叙夹议

夹叙夹议既是一种写作方法，也是一种基本的写作技能。其特点是叙事和议论穿插进行，写法上灵活多变，作者可以自由地表情达意。这种方法既能具体地记叙事件，充分地抒发感情，也能直接揭示所写对象的意义，因而历来为人们所重视。

夹叙夹议的写作要点是：(1) 它要求一面叙述某一件事，一面又对这件事进行分析、评论，记叙中有议论，议论中有记叙，要注意叙事的连贯性，议论插入要自然，记叙与议论二者要有机结合；(2) 以记叙为主，议论是适当的概括和升华；(3) 要合理安排议论的位置，可以出现在全文或者大段的开头，起提示、概括文章内容、表明作者思想立场而展开下文的作用，也可以出现在文章结尾或大段的结尾，用来深化主题，揭示自己的观点、看法。

夹叙夹议的写作方式可以是：(1) 先议后叙（概括式），议论往往出现在文章的篇首，主要作用是提示和点题；(2) 先叙后议（总结式），议论往往出现在文章或一段文字的结尾，其作用是总结全文（或段落）、深化主题、画龙点睛、启迪思维等；（3）边叙边议（包容式），即边叙述事实，边进行议论，以发表对所叙事实的看法。

2 汉语知识：特殊句式

现代汉语主要有六种特殊句式，分别为：存现句、"是"字句、连动句、兼语句、"把"字句、"被"字句。

（1）存现句：是指表示何处存在、产生、出现、消失何人或何物的句子。如"地上躺着一个人""操场东边有一座楼"。

（2）"是"字句：是指由动词"是"构成的判断句，"是"在句中的作用是判断主语和宾语的同一或从属的关系。如"他是聪明人"。

（3）连动句：句中几个动词连用，共同说明同一个主语。如"我去银行取钱"。

（4）兼语句：是指由兼语短语充当谓语或直接成句的句子。"兼语"指前边动宾短语的宾语兼做后边主谓短语的主语，前边的动词往往是"使、让、叫"等含使令义的动词。如"老师让我读课文""妈妈叫我打扫房间"。

（5）"把"字句：由介词"把"构成的介词短语做状语的句子。如"他把车子修好了""我把那本书看完了"。

（6）"被"字句：是指用"被"构成的介词短语做状语表示被动，或在动词性词语前用"被"字表示被动的句子。如"孩子被他吓哭了""杯子被打碎了"。

由于句式特殊，习得不易，留学生在写作中会出现各种各样的偏误，因此教师要注意引导学生对这几种句式的正确运用。

第九课 用微笑面对生活

二 头脑风暴（建议教学时间：10分钟）

小组讨论

1. 生活中你遇到过什么样的困难和挫折？
2. 遇到困难挫折时，你是怎么面对的？你是愁眉苦脸还是微笑面对？
3. 你觉得我们应该如何应对生活中的困难和挫折？
4. 写出你对这两句话的理解和看法。

   （1）人生是由一串无数的小烦恼组成的念珠，乐观的人总是笑着数完这串念珠。

   （2）为了看太阳，我来到这个世上。

   _____
   _____
   _____

三 偏误分析（建议教学时间：15分钟）

| 我 | 看 | 到 | 您 | 公 | 司 | 的 | 招 | 聘 | 启 | 事 | 以 | 后 |
| 把 | 这 | 封 | 信 | 写 | 。 | | | | | | | |

1. 指出句子中的错误并改正。

_____

| 我 | 很 | 有 | 自 | 信 | 导 | 游 | 的 | 工 | 作 | 做 | 得 | 很 |
| 好 | 。 | | | | | | | | | | | |

2. 指出句子中的错误并改正。

_____

这	个	地	方	发	生	了	地	震	以	后	，	道
路	、	桥	梁	，	还	有	很	多	建	筑	物	破
坏	了	。										

3. 指出句子中的错误并改正。

_____

| 今 | 天 | 妈 | 妈 | 做 | 的 | 菜 | 太 | 多 | 了 | ， | 我 | 们 |
| 把 | 那 | 些 | 菜 | 没 | 有 | 吃 | 完 | 。 | | | | |

4. 指出句子中的错误并改正。

_____

四 词汇和语法（建议教学时间：35分钟）

练习 1 写出下列词语的反义词

顺境 —（　　　）　　乐观 —（　　　）　　内向 —（　　　）

付出 —（　　　）　　坚强 —（　　　）　　吝啬 —（　　　）

练习 2 熟悉重点词语的用法，并完成句子

1. **无论**：乐观的人，无论是在顺境还是在逆境，都能哼着歌去享受列车奔驰的快乐。

   _____。

2. **为……而……**：当你微笑着面对生活，生活会为你而色彩斑斓。

   八年战争，无数的英雄_____。

3. **果然**：微笑，果然可以创造快乐。

   天气预报说今天有雨，_____。

4. **竟**：两年后，他安然无恙，去医院检查，结果发现，自己体内的癌细胞竟奇迹般地消失了。

   谁也没有想到来的人_____

   _____。

5. 当：我开始尝试着对人微笑，当别人也对自己投来友好的目光时，我觉得心情真好。

当遇到困难和挫折时，_____。

练习 3 选词填空

后来　　凭着　　着　　却　　由

1. 微笑_____面对生活，生活会充满无穷无尽的乐趣。

2. _____他找了一份工作，_____自己的乐观与干劲儿，业绩蒸蒸日上。

3. 虽然付出的只是一个微笑，收获的_____是自己和别人一天的灿烂心情。

4. 人生是_____一串无数的小烦恼组成的念珠。

练习 4 组句成段

1. 正确的顺序应为：_____

A. 一路上，我们会看到阳光下开满了鲜花的风景
B. 生命就像乘车
C. 当然也会穿过黑暗的隧道
D. 都能哼着歌去享受列车奔驰的快乐
E. 乐观的人，无论是在顺境还是在逆境
F. 用微笑去面对生活中的风雨和彩虹

2. 正确的顺序应为：_____

A. 笑容是世界上最美的表情

B. 收获的却是自己和别人一天的灿烂心情

C. 也是最划算的表情

D. 虽然你付出的只是一个微笑

3. 正确的顺序应为：_____

A. 可世界上还有那么多美好的事物，他都没有看到

B. 于是他变卖了家产，去周游世界

C. 两年后，他安然无恙，去医院检查

D. 病人想着自己马上就要死了

E. 去了很多有名的景点游玩儿

F. 结果发现，自己体内的癌细胞竟奇迹般地消失了

五 范文（建议教学时间：30分钟）

用微笑面对生活

生命就像乘车，一路上，我们会看到阳光下开满了鲜花的风景，当然也会穿过黑暗的隧道。乐观的人，无论是在顺境还是在逆境，都能哼着歌去享受列车奔驰的快乐，用微笑去面对生活中

的风雨和彩虹。

微笑是一种魅力，是代表着一种振作、一种成熟、一种坚强的魅力；微笑是一种风度，是展示着热情与友善、宽容与豁达、乐观与轻松的风度。当你微笑着面对生活，生活会为你而色彩斑斓。

以前，我是一个十分内向的人，不喜欢跟人交往，不喜欢对人笑。时间久了，同学们都不太喜欢我。我每天独来独往，看着别人三三两两在一起嬉笑打闹，我心里酸酸的。有一天，一个女孩儿对我说："你笑起来很可爱哦，不要吝啬自己的微笑。你知道吗？笑容是世界上最美的表情，也是最划算的表情。虽然你付出的只是一个微笑，收获的却是自己和别人一天的灿烂心情。"是真的吗？我开始尝试着对人微笑，当别人也对自己投来友好的目光时，我觉得心情真好。渐渐地，我和同学们的关系好了起来，当遇到困难时，我不会再一个人缩在角落里不知所措。有朋友的感觉真好。微笑，果然可以创造快乐。

我记得有个故事。医生告诉病人，他患上了绝症，无药可治，最多只能活两年。病人想着自己马上就要死了，可世界上还有那么多美好的事物，他都没有看到。于是他变卖了家产，去周游世界，去了很多有名的景点游玩儿。两年后，他安然无恙，去医院检查，结果发现，自己体内的癌细胞竟奇迹般地消失了。后来他找了一份工作，凭着自己的乐观与干劲儿，业绩蒸蒸日上。看来，微笑和乐观是对抗病魔最有力的武器。

大仲马说:"人生是由一串无数的小烦恼组成的念珠,乐观的人总是笑着数完这串念珠。"巴尔蒙特说:"为了看太阳,我来到这个世上。"是的,一天24个小时,愁眉苦脸地过是一天,乐观微笑着过也是一天,那为什么不微笑着度过每一天呢?给自己一个微笑,让自己愁苦的心高兴起来;给别人一个微笑,让周围的人也跟着高兴起来。

微笑着面对生活,生活会充满无穷无尽的乐趣。真的,人一笑,快乐就跟着来了。

(选自"99作文网",有删改)

1. 根据范文,先小组讨论,再用自己的语言归纳出本文的写作提纲。

   第一段:_____

   第二段:_____

   第三段:_____

   第四段:_____

   第五段:_____

   第六段:_____

2. 根据范文完成表格，写出作者前后的变化。

	女孩儿对他说那些话以前	女孩儿对他说那些话以后
性格		
行为		
结果		
心理感受		

3. 根据范文写出微笑可以带来哪些好处。

（1）_____

（2）_____

（3）_____

（4）_____

六 输出表达（建议教学时间：90分钟）

看图作文：《两个不同的母亲，两种不同的教育观念》

❶

❷

（一）写前热身（建议教学时间：40分钟）

1. 查一查下面的词语，加拼音，并简单解释一下它们的意思。

（1）偶然＿＿＿＿＿＿＿＿　（2）灌输＿＿＿＿＿＿＿＿

（3）清洁工＿＿＿＿＿＿　（4）观念＿＿＿＿＿＿＿＿

（5）等级＿＿＿＿＿＿＿＿　（6）吓唬＿＿＿＿＿＿＿＿

（7）鼓励＿＿＿＿＿＿＿＿　（8）贡献＿＿＿＿＿＿＿＿

（9）心灵＿＿＿＿＿＿＿＿　（10）就地取材＿＿＿＿＿

2. 根据图片回答问题。

（1）故事发生在什么地方？

（2）这两对母子在等车时，看到了什么？

（3）两位母亲分别对她们的孩子说了什么？

（4）她们为什么要说这些话？

（5）想象一下孩子听了母亲的话以后的感受和想法。

（6）想象一下两位母亲的教育方式和观念会培养出什么样的孩子。

（7）你对两位母亲的话和做法有什么看法？

3. 根据图片完成表格。

话题：两个不同的母亲，两种不同的教育观念	
时间和地点	
人物及形象	
事情的经过	
你的看法	

（二）写作任务（建议教学时间：50分钟）

1. 课堂任务。

    （1）分组讨论，并把图片的内容写成一段完整的话。

    （2）小组成员互相交流对这个故事的看法，并写下关键词句。

    （3）小组成员讨论如何描写图片中的故事，并设想出几种文章的架构。

2. 课后任务。

    用夹叙夹议的方法写一篇500字至600字的文章。

第九课　用微笑面对生活

第十课　HSK 考试写作训练

一　知识银行（建议教学时间：15 分钟）

1　写作知识：关于 HSK 五级、六级的作文写作

汉语水平考试（简称 HSK），是为测试母语为非汉语者的汉语水平而设立的一项国际汉语能力标准化考试，其内容包括语言的听、说、读、写、译（中等、高等）五个方面。而 HSK 五级和六级的写作部分往往是影响考试通过率的重要因素。写作考试主要考查考生的书面表达能力和汉字书写能力，要求语言通顺，观点清楚，内容充实，表达得体，汉字书写正确。

根据 2021 年颁布的《国际中文教育中文水平等级标准》，HSK 五级标准要求考生能够掌握中等手写汉字表中的汉字 250 个；能够分析常见汉字的结构；能够使用较为复杂的句式进行语段表达，在规定时间内，完成一般的叙述性、说明性及简单的议论性等语言材料的写作，字数不低于 450 字，要求用词较为恰当，句式基本正确，内容比较完整，表达较为通顺；能够完成一般的应用文体写作，格式正确，表达基本规范。

HSK 六级标准要求考生能够掌握中等手写汉字表中的汉字 400 个；

能够使用较长和较为复杂的句式进行语段表达，在规定时间内，完成常见的叙述性、说明性、议论性等语言材料的写作，字数不低于600字，要求用词恰当，句式正确，内容完整，表达通顺、连贯；能够运用常见的修辞方法；能够完成多种应用文体写作，要求格式正确，表达规范。

2 汉语知识：关于HSK考试词汇的积累

在HSK考试写作中，考生最常出现的错误有：标点符号错用、写错别字、语义重复、词语误用、语篇衔接不当、错序等。对于上述问题，之前一些课的汉语知识部分都进行了有针对性的介绍。

《国际中文教育中文水平等级标准》中，HSK五级和六级的词汇量要求分别为4316个词和5456个词，因此除了需要具备良好的语法知识外，考生需要具备扎实的词汇基础，因此需要平时注意积累扩充自己的词汇量。

那么使用什么办法扩充自己的词汇量呢？教师可以引导学生这样学习：（1）分类记忆法。比如相对简单的名词，可以将同一类词语汇聚到一起进行比较记忆，如将球类词语"篮球""足球""网球"等放在一起对比记忆。（2）扩展记忆法。同样是名词，可以先找到其对应的量词，将名词和量词结合在一起进行扩展记忆，进而扩展成句；如果是动词，要考虑动宾搭配……以此类推，记忆形容词、副词也是如此。（3）对考生来说，记忆词语只是一个方面，如何使用这些词语更重要。因此，教师应引导学生平时积累常用词语的基本用法，及时纠正学生用法上的错误，让大家多做练习，勤做笔记，增强记忆，培养良好的学习习惯。

当然，学习、积累常用词语的方法还有很多，比如制作生词卡片、使用词汇学习软件，进行趣味性地练习、复习，等等。

二 头脑风暴（建议教学时间：5分钟）

扩展练习

1. 开

    开车：<u>他开车送我去机场。</u>

    开门：_____

    开花：_____

    开会：_____

    你还知道哪些词语：_____

2. HSK写作的常见题目通常包括学习、生活、工作、健康、爱好、家庭、人物、景物等主题。在准备考试时，应该多积累相关主题的词汇。我们这里仅列出一些词语，请你再多举一些例子。

    学习类：上课、开学、教师、学生、教室、图书馆、阅读、听说、写作、查资料……

    工作类：组织、办公、出差、同事、经验、职业、上班、收入、招聘、会议……

    健康类：锻炼、运动、营养、健康、肥胖、睡眠、快餐、蔬菜、水果、保健品、体检……

    爱好类：听音乐、看电影、上网、聊天儿、购物、跑步、游泳、阅读、爬山……

三 偏误分析（建议教学时间：15分钟）

| 人 | 不 | 要 | 害 | 怕 | 面 | 对 | 失 | 败 | ， | 由 | 于 | 失 |
| 败 | 背 | 后 | 可 | 以 | 使 | 你 | 吸 | 取 | 教 | 训 | 。 | |

1. 指出句子中的错误并改正。

_____

为	了	她	的	婚	礼	，	她	要	什	么	就	有
什	么	，	她	的	婚	礼	举	行	得	非	常	完
美	，	真	令	人	难	忘	。					

2. 指出句子中的错误并改正。

_____

_____

所	以	这	个	是	一	个	问	题	,	我	们	可
以	一	起	想	一	起	解	决	,	所	以	如	果
遇	到	困	难	的	时	候	,	我	们	可	以	逐
渐	地	解	决	。								

3. 指出句子中的错误并改正。

现	在	没	有	女	朋	友	的	原	因	,	就	是
我	不	要	。	再	说	,	现	在	对	我	来	说
最	重	要	的	事	情	是	学	习	,	所	以	我
不	要	,	就	是	这	个	。					

4. 指出句子中的错误并改正。

四 词汇和语法（建议教学时间：35分钟）

练习 1 熟悉重点词语的用法，并完成句子

1. 邀请：当宴会结束，他邀请她一块儿去喝咖啡。

   我打算邀请＿＿＿＿＿＿＿＿＿＿＿＿＿＿＿＿＿＿＿＿。

2. 出于：然而，出于礼貌，她还是答应了。

   出于职业的需要，我有时得＿＿＿＿＿＿＿＿＿＿＿＿＿＿＿。

3. 表现：咖啡里加盐，就算是想家的一种表现吧。

   ＿＿＿＿＿＿＿＿＿＿＿＿＿＿＿＿＿，这是没有认真复习的表现。

4. 倾诉：她忽然有一种倾诉的欲望。

   刚跟女朋友分手的时候，我＿＿＿＿＿＿＿＿＿＿＿＿＿＿＿

   ＿＿＿＿＿＿＿＿＿＿＿＿＿＿＿＿＿＿＿＿＿＿＿＿＿＿＿。

5. 融洽：冷冰冰的气氛渐渐变得融洽起来，两个人聊了很久。

   从小时候开始，我跟爸爸的关系＿＿＿＿＿＿＿＿＿＿＿＿。

练习 2 选词填空

以至于　更　而且　而　才

1. 那时的她年轻美丽，身边有很多追求者，＿＿＿＿＿他却是一个很普通的人。

2. 她们的目光都集中到了他身上，＿＿＿＿＿他的脸都红了。

3. 她暗自庆幸，幸亏当时的礼貌，_____没有和他擦肩而过。

4. 他们确实过得很幸福，_____一过就是40多年，直到前不久他得病去世。

5. 有好多次，我都想告诉你，可我怕你会生气，_____怕你会因此离开我。

练习 3　组词成句

1. 咖啡馆里　很是　坐在　两个人　尴尬　之间　的　气氛

   _____

2. 必定是　她　认为　顾家　的　男人　想家　男人　的

   _____

3. 是　他　临终前　写给　她　的　那封信

   _____

4. 她　欺骗　被　感觉　有　一种　的

   _____

练习 4　组句成段

1. 正确的顺序应为：_____

   A. 没有什么话题，她只想尽快结束
   B. 坐在咖啡馆里

C. 两个人之间的气氛很是尴尬

D. 但是当服务员把咖啡端上来的时候

E. 他却突然说:"麻烦你拿点儿盐过来,我喝咖啡习惯放点儿盐

F. 当时,她愣了,服务员也愣了

2. 正确的顺序应为:＿＿＿＿＿＿＿＿＿＿

A. 只好将错就错了

B. 当时既然说出来了

C. 其实(喝咖啡)我是不加盐的

D. 这一下,让我喝了大半辈子加盐的咖啡

E. 没想到竟然引起了你的好奇心

五 范文（建议教学时间：30分钟）

我喜欢在咖啡里加盐

他和她相识在一个宴会上。那时的她年轻美丽,身边有很多追求者,而他却是一个很普通的人。因此,当宴会结束,他邀请她一块儿去喝咖啡的时候,她很吃惊。然而,出于礼貌,她还是答应了。

坐在咖啡馆里,两个人之间的气氛很是尴尬,没有什么话题,她只想尽快结束。但是当服务员把咖啡端上来的时候,他却突然说:"麻烦你拿点儿盐过来,我喝咖啡习惯放点儿盐。"当时,

她愣了,服务员也愣了,她们的目光都集中到了他身上,以至于他的脸都红了。

服务员把盐拿过来了,他放了点儿进去,慢慢地喝着。她好奇地问:"你为什么要加盐呢?"他沉默了一会儿,说:"小时候,我家住在海边,我老是在海里泡着,海浪打过来,海水涌进嘴里,又苦又咸。现在,很久没回家了,咖啡里加盐,就算是想家的一种表现吧,可以把距离拉近一点儿。"

她突然被打动了,因为这是她第一次听到男人在她面前说想家。她认为,想家的男人必定是顾家的男人,而顾家的男人必定是爱家的男人。她忽然有一种倾诉的欲望,跟他说起了自己远在千里之外的故乡。冷冰冰的气氛渐渐变得融洽起来,两个人聊了很久,并且,她没有拒绝他送她回家。

再以后,两个人频繁地约会,她发现他实际上是一个很好的男人,大度、细心、体贴,符合她所欣赏的优秀男人应该具有的所有特质。她暗自庆幸,幸亏当时的礼貌,才没有和他擦肩而过。她带他去遍了城里的每一家咖啡馆,每次都是她说:"请拿些盐来好吗?我的朋友喜欢咖啡里加盐。"再后来,就像童话书里所写的一样,"王子和公主结婚了,从此过着幸福的生活"。他们确实过得很幸福,而且一过就是40多年,直到前不久他得病去世。

故事似乎要结束了,如果没有那封信的话。

那封信是他临终前写给她的:"原谅我一直都欺骗了你,还记得第一次请你喝咖啡吗?当时气氛差极了,我很难受,也很紧张,不知怎么想的,竟然对服务员说拿些盐来。有好多次,我都想告诉你，可我怕你会生气，更怕你会因此离开我。其实我是不加盐的，当时既然说出来了，只好将错就错了。没想到竟然引起了你的好奇心，这一下，让我喝了大半辈子加盐的咖啡。现在我终于不怕了，因为我就要死了，死人总是很容易被原谅的，对不对？今生得到你是我最大的幸福，如果有来生，我还希望能娶到你。只是，我可不想再喝加盐的咖啡了，咖啡里加盐，你不知道那味道有多难喝。咖啡里加盐，我当时是怎么想出来的！"

信的内容让她吃惊，同时有一种被骗的感觉。然而，他不知道，她多想告诉他，她是多么高兴，有人为了她，能够做出这样一生一世的欺骗。

（选自搜狐网，网址为：https://www.sohu.com/a/197131111_160691，访问日期：2021年10月28日，有修改）

1. 根据范文完成表格。

题目：我喜欢在咖啡里加盐	
时间	
地点	
人物	
起因	

经过	
结果	

2. 找出"她"的心理变化过程。

六 输出表达（建议教学时间：100 分钟）

（一）材料作文（建议教学时间：60 分钟）

　　HSK 考试写作部分的题型常见的是材料作文。材料的形式有记叙性材料（故事、寓言等）、引语式材料和图画式材料等。考生需仔细阅读材料，认真进行思考，根据作文要求进行改写、续写或扩写，或根据材料写读后感，或针对材料中的"现象"进行论述评价。考生应该注意写作过程中要恰当地引用材料，切记不可全部照抄。对于文体，材料作文常有明确要求，或记叙，或议论，或说明，一般不会出现"不限文体"的写作要求。总之，考试形式灵活，考查角度多样。下面我们列举一个写作范例供大家参考。

1. 使用所给词语进行写作。

　　（1）结合下列词语（要全部使用），写一篇 80 字左右的短文。

　　　　球迷　青少年　赢　庆祝　努力

（2）写作思路。

　　① 理解词义，寻找词义关联；

　　② 判断词性，联系已学词语；

　　③ 设想情境，确定写作文体；

　　④ 连词成句，准确搭配词语；

　　⑤ 连句成篇，注意语句通顺。

（3）参考答案。

　　足球这项运动吸引了成千上万的球迷。球迷们，特别是青少年球迷，看到自己喜欢的球队赢球时，往往都会欢呼庆祝。作为一名球迷，去年我还在现场观看了一场世界杯足球赛，球员在球场上努力拼搏的情景，真让人感动。

　　（材料选自《新HSK词汇精讲精练（五级）》，北京大学出版社，2014年）

（4）写作任务：参考上面练习题的写作思路及参考答案，结合下列词语（要全部使用），练习写一篇80字左右的短文。

　　感受　风景　繁荣　地铁　关于

2. 看图写作。

（1）结合这张图片写一篇 80 字左右的短文。

（2）写作思路。

① 先仔细观察图片，思考命题人的意图，正确理解其内涵；

② 确定写作的中心思想，表达什么思想感情；

③ 确定写作文体，是记叙文、说明文还是议论文；

④ 确定写作对象，是写一个人、一件事还是多个人、多件事进行对比；

⑤ 一定要抓住文章的中心进行写作。

（3）写作任务：结合这张图片写一篇80字左右的短文。

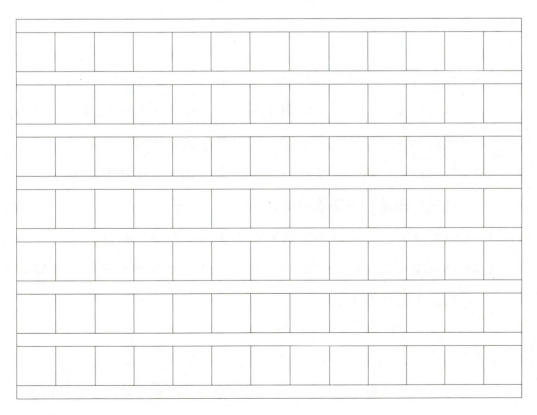

（二）缩写练习（建议教学时间：40分钟）

1. 写作思路。

   （1）要体现原文的主题大意。也就是说，缩写不允许改变原文的中心思想，不能改变原文的文体，连人称也不能变。要保持原文的主要事件，保持原文人物的基本特点。段落的顺序、表达的方法也都要维持原样。

   （2）要按缩写的要求将原文的内容缩短，包括去掉部分描写性的语句，或者把有些次要事件加以概括，或者删去无关紧要的介绍。根据题目要求确定缩短后的字数。

   （3）缩写时要尽量保持语句自然，开头和结尾呼应，使文章成为一个有机的整体。

2. 缩写技巧。

   （1）缩写前要读懂内容，抓住要点，进行概括。在缩写之前一定要认真阅读原文，认真分析出文章的中心思想和每段话的段落大意，概括原文的主要内容，保留部分重点词句。

   （2）适当删减，删去文章中的次要内容。围绕中心弄清主要事件和材料，删掉次要情节和材料。

   （3）缩写语言，把具体描写的长句变成简洁叙述的短句。

   （4）最后要看前后语句是否连接自然，开头结尾是否呼应，缩写后的短文内容是否完整。

3. 写作任务。

   （1）仔细阅读下面这篇文章，时间为5分钟，阅读时不能抄写、记录。

（2）5分钟后，请你将这篇文章缩写成一篇短文，时间为30分钟。
（3）标题自拟。只需复述文章内容，不需加入自己的观点。
（4）字数为400字左右。

女儿与虎爸

　　生活中常常会有朋友夸我，你唱歌好就算了，为什么钢琴还弹得那么好？你钢琴弹得好就算了，为什么唱歌还那么好听？听到赞美，每个人当然都会很高兴，而我在感到喜悦的同时，内心深处还有一种不愿意触碰的情绪，这种情绪非常复杂，很难简单地用难过、后悔、感激等某个词来形容。这一切要从我的童年说起。

　　在我五岁的时候，爸爸用自己一年的工资给我买了一台钢琴，请老师到家里教我弹钢琴。在两个月的新鲜感过去后，我发现学习钢琴很无聊。因为每天都重复着一样的、乏味的练习。特别是在我练习的时候，其他小朋友却在外面嬉戏打闹，我感觉坐在钢琴凳上的每一分钟都特别痛苦。我问爸爸，为什么我要每天坐在这里练钢琴？为什么我不能跟其他小朋友一样出去玩儿？爸爸给我讲了一大堆道理，也说了好多鼓励的话，而且最后爸爸还答应我，周末的时候可以和小朋友一起玩儿，这样我才答应继续练习弹钢琴，但是我感觉自己练习弹钢琴仅仅是出于让爸爸开心。

　　小学五年级以后，爸爸又给我报了一些别的课外班。每天放学后，我还要去上各种课外班，除了有数学课、英语课，还有声乐课、书法课、美术课。我每天都奔波在去不同课外班的路上，以至于有时候只能在车上吃饭。每天从学校到课外班，不是学习课内知识就是完成课外任务。我觉得这样的生活太苦了，于是我开始用自己的方式反对这样的安排。

我把美术课作业画在了家里的墙上，结果被爸爸教训了一通，我说："我错了。"但下次的作业，我又是在墙上完成的，爸爸特别生气，他把我狠狠地教训了一番，并恶狠狠地说："记住，以后不可以这样了！知道吗？"我哭着答应了。可是，下一次我还是把作业画在了墙上，爸爸教育完我之后，无可奈何地在墙上画了一个圆，指着我的鼻子吼道："以后，只能画到这个范围里面，记住了吗？""记住了。"我边哭边答应。最后，我还是把作业准确地画到了圆的外面。结果我两天都没有晚饭吃，当然，以后也不用做课外班的作业了。

从初中开始，我和父母的关系变得更不融洽了。在与爸爸的斗争过程中，我明白了一个道理，与其和大人正面作对，不如保持沉默。因此我尽量不和父母交流。考高中的时候，我故意选择离家最远的学校。学校离家有五十千米，可是这个距离也无法阻止爸爸每个周五来接我回家，他还时常来看我。于是，考大学的时候，我考到了离家足够远的上海。

在上海，我觉得自由、快乐。因为学业重、离家远，我很少回家。爸爸就开始给我写信，总会嘱咐我这，叮嘱我那……四年，听上去时间很长，可是我感觉转瞬即逝，很快就到了找工作的阶段。我通过了现在公司的层层面试，进入了最后的面试。我和其他三位竞争者进行了个人陈述和分组合作考察，最终只有我的表现获得了所有面试官的一致认可。在签合同的时候，人事部的经理说："多才多艺的简历让你脱颖而出，面试那天，老板看到你画的图纸赞不绝口，说一看就有童子功。"

　　找到工作我感觉很开心，朋友们都为我进入了令人羡慕的大公司而欣喜若狂，但是我却始终感觉特别复杂。我给爸爸打电话告诉他这个好消息，也转述了人事部经理的话……那天我对爸爸倾诉了很久很久，感觉要弥补自己从初中开始的沉默一样，也是从那时起，我感觉自己长大了。

第十课　HSK 考试写作训练

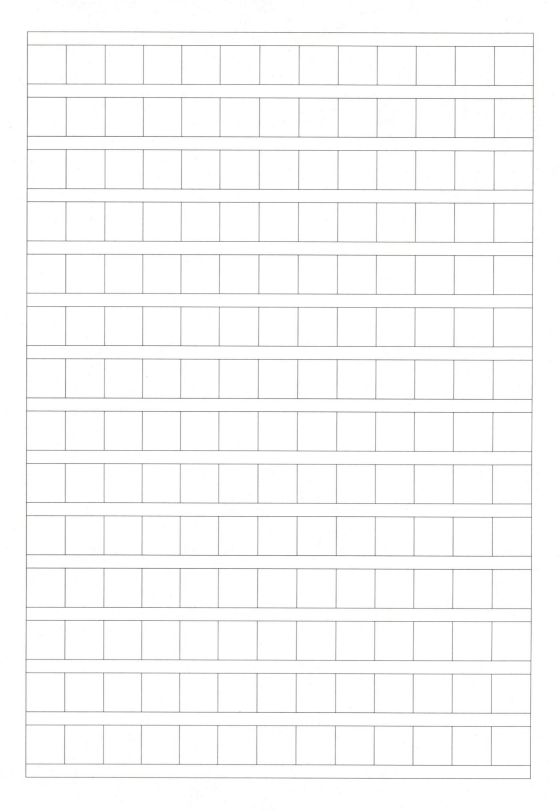